V&R

Moritz Raab

Digitalisierung im Lateinunterricht

Ein fachdidaktischer Überblick

Vandenhoeck & Ruprecht

Bibliografische Information der Deutschen Nationalbibliothek:
Die Deutsche Nationalbibliothek verzeichnet diese Publikation in der Deutschen Nationalbibliografie; detaillierte bibliografische Daten sind im Internet über https://dnb.de abrufbar.

Satz: SchwabScantechnik, Göttingen
Druck und Bindung: ⊕ Hubert & Co. BuchPartner, Göttingen
Printed in the EU

Vandenhoeck & Ruprecht Verlage | www.vandenhoeck-ruprecht-verlage.com

ISBN 978-3-525-70302-1

Inhalt

1. Zur Einführung: Lateinunterricht im digitalen Zeitalter

Medienmündigkeit – ein Bildungsziel

Per *WhatsApp* mit Freunden schreiben, Videos auf *YouTube* ›liken‹, Fotos auf *Instagram* ›posten‹, *Games* ›zocken‹ – digitale Medien wie Smartphones, Tablet-Computer und Notebooks gehören unweigerlich zur Lebenswirklichkeit der Kinder und Jugendlichen, sie nutzen sie ganz selbstverständlich. Dass die meisten Jugendlichen ein eigenes Smartphone besitzen und in ihren Zimmern über einen Internetzugang verfügen, wundert also nicht.[1] Nicht umsonst spricht man auch von einer ›Medien-Generation‹. Auch für die vorigen Generationen, die mit der Entwicklung des Computers aufgewachsen sind, ist ein Alltag ohne digitale Medien kaum mehr vorstellbar, hat die Digitalisierung doch inzwischen nahezu sämtliche Lebensbereiche durchdrungen, inklusive der hochtechnisierten, globalisierten Arbeitswelt. Die Auswirkungen der Digitalisierung sind enorm. So ändert sich nicht nur die Art, wie wir Wissen und Informationen organisieren und wie wir kommunizieren.[2] Die Nutzung digitaler Medien verändert auch menschliches Verhalten.

So sind Kinder und Jugendliche Gefahren ausgesetzt, wie es sie wohl nie zuvor gegeben hat. Hier sprechen wir etwa von ›Cybermobbing‹, das im virtuellen Raum stattfindet und für die Betroffenen gewaltige psychische Konsequenzen hat. Denn Beleidigungen und Diffamierungen beispielsweise durch Hasskommentare werden einer breiten Öffentlichkeit zugänglich gemacht,[3] ethischen und rechtlichen Prinzipien zum Trotz. Gerade Datenschutz und -sicherheit können in einer Welt, in der *Amazon, Facebook* und Co. systematisch Nutzerdaten zur Erstellung von Persönlichkeits- oder Käuferprofilen zu erheben versuchen, nicht hoch genug eingeschätzt werden.

---

1 Vgl. Kutter 2014.

2 Vgl. Gudjons/Traub 2012, 380.

3 Vgl. https://www.bmfsfj.de/bmfsfj/themen/kinder-und-jugend/medienkompetenz/was-ist-cybermobbing--86484 (Zugriff: 18.08.2021).

Hinzu kommen gesundheitliche Risiken. So werden Computerspiel- und Internetabhängigkeit inzwischen im neuen Diagnosekatalog (ICD-11) der Weltgesundheitsorganisation offiziell als Suchterkrankung geführt, da offenbar immer mehr Kinder und Jugendliche von ihrem Computer, ihrem Smartphone oder Tablet nicht wegkommen: Exzessives Computerspielen oder sich in der virtuellen, buchstäblich bildschönen Welt der *Social Media* zu verlieren, um immer mehr »Likes« zu sammeln, mögen Beispiele dafür sein. Das Suchtpotenzial und die Gefährdung für die Gesundheit sind also nicht zu unterschätzen.[4] Auch wenn kein kausaler Zusammenhang besteht, können mit einem erhöhten elektronischen Medienkonsum gesundheitliche und entwicklungsbezogene Beeinträchtigungen wie Konzentrationsschwäche und Unruhe, Hyperaktivität, Sprachentwicklungsstörungen, sportliche Defizite oder eine Neigung zu ungesunder Ernährung und Übergewicht einhergehen.[5] Nicht zuletzt können Leistungen in der Schule durch eine übermäßige Mediennutzungsdauer sowie durch bestimmte Inhalte beeinträchtigt werden, etwa wenn Kinder und Jugendliche sich immer weniger Zeit für Hausaufgaben, Lernen und sportliche Betätigung nehmen oder extrem gewalthaltige Inhalte konsumieren.[6] So nimmt es nicht wunder, dass manche Stimmen mahnen, digitale Medien gehörten nicht in Kinderhände und schon gar nicht ins Kinderzimmer.[7]

Zudem werden Kinder und Jugendliche im Netz dazu verleitet, leichtgläubig Inhalte zu verwenden und zu verbreiten. Die Werbewirtschaft hat das Marketingpotenzial durch sogenannte ›Influencer‹ schon lange erkannt, die auf *YouTube* und *Instagram* ihren ›Followern‹ den Kauf bestimmter Produkte nahelegen.

Zum echten Problem für politische Partizipation wird es, wenn sie in Zeiten von »Fake News« und »Filterblasen« in den sozialen Netzwerken Fakten von Falschinformationen nicht unterscheiden können oder eine sachliche politische Diskussion und echte Meinungsbildung nicht mehr zustande kommen. So hat die Digitalisierung auch politisch-gesellschaftliche Konsequenzen, mit denen die jungen Menschen konfrontiert werden.

In dieser »schönen neuen Medienwelt« aufzuwachsen, ist für Kinder und Jugendliche also nicht unproblematisch. Doch was tun? Digitale Medien aus

4 So legt es auch die BLIKK-Studie (2017, 6–8) nahe, in der Kinderärzte den Medienkonsum von Kindern und Jugendlichen untersuchten. Ein Großteil der befragten Kinder überschreitet demnach die (z. B. von der Bundeszentrale für gesundheitliche Aufklärung) empfohlenen Nutzungszeiten für elektronische Medien.

5 Vgl. ebd.

6 Vgl. Mössle/Kleimann/Pfeiffer 2008, 31 f.

7 So etwa Mössle/Kleimann/Pfeiffer 2008, 33.

den Kinderzimmern verbannen? Handyverbote an deutschen Schulen einführen wie in Frankreich? Die Annahme, sie lernten als *digital natives* automatisch eine gesunde und reflektierte Nutzung der digitalen Medien, stimmt jedenfalls nicht.

Der Umgang mit digitalen Medien, also ›Medienkompetenz‹, muss neben dem Lesen, Rechnen und Schreiben als allgemeine Kulturtechnik begriffen werden. Ziel muss daher eine umfassende ›Medienmündigkeit‹ der Kinder und Jugendlichen sein, damit sie sich im Bewusstsein für Gefahren und Risiken in der digitalen Welt zurechtfinden und am politischen, wirtschaftlichen und gesellschaftlichen Leben aktiv partizipieren können. Dafür müssen sie beispielsweise lernen, mediale Inhalte zu bewerten, Medienangebote sinnvoll zu nutzen, ihre Mediennutzung zu reflektieren und ihren Medienkonsum zu steuern. Dazu gehören übrigens auch Medienkompetenzen, die sich auf Fähigkeiten der Problemlösung, der Kooperation und Kommunikation beziehen, die nicht zuletzt für die zunehmend digitalisierte Arbeitswelt und damit für das eigene, spätere Berufsleben von Bedeutung sind. Eine solche Medienmündigkeit bei den Lernenden auszubilden, muss Aufgabe von Schule sein.

Deutschland im digitalen Mittelfeld

Dass digitale Medien zwar zur Lebenswirklichkeit, aber noch lange nicht zur ›Lernwirklichkeit‹ der Lernenden in Deutschland gehören, zeigen die so genannten ICIL-Studien *(International Computer and Information Literacy Study)*, die 2013 erstmalig die »informations- und computerbezogenen Kompetenzen« von Achtklässlern im internationalen Vergleich gemessen sowie die schulischen und außerschulischen Rahmenbedingungen dafür erfasst haben.[8] Es stellte sich heraus, dass Deutschland im mittleren Bereich der Rangreihe der Länder und damit hinter der Tschechischen Republik, Kanada, Australien, Dänemark, Polen und anderen Ländern lag – wenngleich insgesamt signifikant über dem internationalen Mittelwert und noch im Bereich des EU-Mittelwerts.[9]

Trotzdem ein ernüchterndes Ergebnis. So konstatierten die Autoren der Studie: »Die Ergebnisse der Studie ICILS 2013 machen deutlich, dass die weit verbreitete Annahme, Kinder und Jugendliche würden durch das Aufwachsen in einer von neuen Technologien geprägten Welt automatisch zu kompetenten Nutzerinnen und Nutzern digitaler Medien, nicht zutrifft.«[10] Nur ein geringer

8 ICILS 2013 Projektbeschreibung.

9 Deutschland erzielte durchschnittlich 523 Punkte, der internationale Durchschnitt lag bei 500 Punkten, der EU-Durchschnitt bei 525 Punkten. Spitzenreiter ist die Tschechische Republik mit 553 Punkten; Bos/Eickelmann/Gerick 2014, 5.

10 Ebd.

Anteil der getesteten Lernenden erreichte die höchste Kompetenzstufe. Fast ein Drittel der Achtklässlerinnen und Achtklässler erreichte nur die untersten beiden Kompetenzstufen und verfügte damit nur über »rudimentäre bzw. basale Fertigkeiten und Wissensstände hinsichtlich des kompetenten Umgangs mit neuen Technologien«.[11]

Die Gründe, die sich auch in der Studie andeuteten, lagen auf der Hand: geringer Einsatz neuer Medien im Unterricht, mangelnde IT-Ausstattung der Schulen und die Vernachlässigung digitaler Medien und Medienkompetenzen in den curricularen Vorgaben sowie in der Aus- und Weiterbildung der Lehrenden.[12]

Die Studie hält fest, dass Deutschland auch zukünftig nur auf dem mittlerem Leistungsniveau im internationalen Vergleich bleiben werde, wenn digitale Medien und der kompetente Umgang mit ihnen nicht in den Unterricht konzeptionell aufgenommen würden.[13] Der Erziehungswissenschaftler Wilfried Bos spricht sogar davon, dass die Lernenden »ihren Kompetenzstand *trotz* Schule« erreichten, da sie in der Schule das sinnvolle Sammeln, Auswerten und Präsentieren nicht lernten.[14]

Dies waren also erste Baustellen, die von der Politik als Konsequenzen aus der ICIL-Studie zu bearbeiten waren. Obwohl man beabsichtigte, die genannten Versäumnisse aufzuholen,[15] wurden auch fünf Jahre später, nämlich in der Folgestudie ICILS 2018, kaum Fortschritte bei der Kompetenzentwicklung der Lernenden erkennbar. Trotz des inzwischen häufigeren Einsatzes digitaler Medien durch Lehrkräfte erreicht wieder ein Drittel der Lernenden nur die beiden unteren Kompetenzstufen, und auch insgesamt haben sich die digitalen Kompetenzen im Mittel nicht verbessert. Ebenso wurde in der Ausstattung der Lernenden mit digitalen Geräten kein signifikanter Unterschied zu 2013 festgestellt. Im Vergleich zu anderen Ländern (z. B. USA, Finnland, Dänemark) ist sie weiterhin unterdurchschnittlich. Der Anteil an Schulen, in denen alle Lehrkräfte ein digitales Endgerät gestellt bekommen, liegt bei nur drei Prozent.[16]

Der Ausbau der digitalen Infrastruktur an Schulen mithilfe des fünf Milliarden Euro umfassenden »DigitalPakts Schule« ist nur langsam vorangeschritten – zu langsam, wie sich schließlich in der Zeit der flächendeckenden Schulschließungen während der Corona-Pandemie zeigte: Viele Schulen waren für das ›Homeschooling‹ nicht ausreichend gerüstet.

---

11 Bos/Eickelmann/Gerick 2014, 5.
12 Vgl. Bos/Eickelmann/Gerick 2014, 5; Riechert 2015.
13 Bos/Eickelmann/Gerick 2014, 5.
14 Zitiert nach Burchard 2014.
15 Vgl. Rossmann 2015.
16 Vgl. Eickelmann et al. 2019; Anders 2019.

Die KMK und die »digitale Revolution«

Klar ist aber, dass es, um das Ziel der Medienmündigkeit zu erreichen, eine flächendeckende Digitalisierung der Schulen braucht mit entsprechenden medienpädagogischen Konzepten. 2016 hat sich die Kultusministerkonferenz (KMK) dieses Themas angenommen und in ihrer Strategie »Bildung in der digitalen Welt« die digitalen Kompetenzen beschrieben, die die Lernenden heute im Laufe ihrer Schullaufbahn erwerben sollen. Die KMK spricht dabei von der Erweiterung des Bildungsauftrags im Zeitalter der »digitalen Revolution«. Dafür seien von Ländern, Bund, Kommunen, Schulträgern und Schulen Lösungen auf verschiedenen Handlungsfeldern zu erarbeiten, etwa in Bezug auf Bildungspläne und Unterrichtsentwicklung, Aus-, Fort- und Weiterbildung von Erziehenden und Lehrenden, Infrastruktur und Ausstattung, Bildungsmedien oder rechtliche Rahmenbedingungen.[17]

Zentral sind hierbei zwei Aspekte: Zum einen müssen die Unterrichtsfächer in ihren Lehrplänen und Curricula gemäß ihren spezifischen Zugängen zur digitalen Welt die Entwicklung dieser digitalen Kompetenzen unterstützen. Zum anderen sollen digitale Lernumgebungen unter dem Primat des Pädagogischen systematisch in Lehr-Lern-Prozesse einbezogen werden, was eine Neugestaltung von Unterricht mit sich bringt.[18]

Bemerkenswert ist hierbei nicht nur, dass der Kompetenzrahmen von den Ländern so umzusetzen ist, dass alle Lernenden, die etwa zum Schuljahr 2018/2019 in die Sek. I eingetreten sind, bis zum Ende der Pflichtschulzeit die darin formulierten Kompetenzen erwerben können, sondern auch, dass *jedes einzelne Fach* seinen Beitrag dafür leisten muss. Jedes Fach soll für seine fachbezogenen Kompetenzen Bezüge und Anknüpfungspunkte zu dem Kompetenzrahmen definieren, sodass in der Summe alle Kompetenzen des Rahmens berücksichtigt sind.[19]

Dies hat auch für das Fach Latein Konsequenzen: So muss es ebenfalls prüfen, welches medienpädagogische Potenzial ihm innewohnt und welche fachspezifischen Zugänge zu den »Kompetenzen in der digitalen Welt« sich eröffnen, was nicht zuletzt eine Überarbeitung der Fachcurricula der Länder nach sich ziehen dürfte. Die Fachdidaktik Latein muss didaktisch-methodische Konzepte für einen Lateinunterricht entwickeln, der digitale Kompetenzen tatsächlich fördert. In der Praxis müssen im Lateinunterricht dann Computer

17 Kultusministerkonferenz 2016, 8 ff.
18 Ebd., 11–13.
19 Ebd., 19 f.

und Tablets verstärkt unter spezifischen didaktischen Zielsetzungen eingesetzt werden. Und die Lateinlehrenden sind dafür entsprechend aus- und fortzubilden – und übrigens auch auszustatten.

›Neue‹ Medien im Lateinunterricht – ein Rückblick

Doch wo steht da die Lateindidaktik? Mit dem Computer haben seit den 1990er Jahren digitale Medien Einzug auch in den Lateinunterricht gehalten.[20] Konkrete didaktische Konzepte, nach denen das Lernen mit – wie man damals noch sagte – ›neuen‹ Medien ausgestaltet werden kann und die gleichzeitig fachspezifische und pädagogische Zielsetzungen fokussieren, wurden indes offensichtlich nicht entwickelt.

Fachdidaktische Literatur zu diesem Thema gibt es zwar etwa ab dem Jahr 1997, doch, so stellte Tilman Bechthold-Hengelhaupt für die Jahre 2001 bis 2010 in Bezug auf die Nutzung des Internets für unterrichtliche Zwecke fest: »Während das Internet zu einem der wichtigsten Informationsmedien für Schüler wurde, ließ das Interesse an diesem Medium bei den Fachdidaktikern der Alten Sprachen ebenso kontinuierlich nach.«[21] Lediglich Anfang der 2000er Jahre gab es noch einige nennenswerte Veröffentlichungen,[22] wenn auch teilweise mit kulturkritisch-pessimistischem Einschlag.[23] Im Allgemeinen herrschte eine technik- und lehrerzentrierte Sichtweise vor, die sich etwa auf die Funktionen des Computers, die Internetnutzung oder auf Anwendungsgebiete für die Lehrkraft bezog.

Die fachdidaktischen Arbeiten aus dem Jahr 2009 und 2010 zeigen in den Worten von Bechthold-Hengelhaupt sogar »breites Desinteresse« am Thema; das Internet sei, wenn überhaupt, »im Hintergrund präsent«.[24] Auch in den nächsten Jahren beschäftigte sich die fachdidaktische Literatur nicht näher mit der Frage, wie digitale Medien in den Lateinunterricht funktional integriert und dadurch Medienkompetenzen vermittelt werden können.

Erst 2016 schien das Thema mit einer Ausgabe des *Altsprachlichen Unterrichts* wieder präsent. In den nächsten Jahren folgten weitere Veröffentlichungen zum Einsatz digitaler Medien und ›Tools‹ im Lateinunterricht,[25] Internetangebote zu Unterrichtsideen weiteten sich aus und nicht zuletzt sollte der bundesweite

20 Vgl. Kipf 2006, 294.
21 Bechthold-Hengelhaupt 2012, 95 f.; anders in Großbritannien, siehe Lister 2008.
22 Vor allem Schmitzer 2001; Bechthold-Hengelhaupt 2001; AU 45, 3+4/2002.
23 Zum Beispiel Schareika 2002a.
24 Bechthold-Hengelhaupt 2012, 105 f.
25 Zum Beispiel Florian 2018, Gressel 2019, Doepner/Keip/Kurczyk 2020.

DAV-Kongress im April 2020 dem Thema Digitalisierung gewidmet sein, der jedoch pandemiebedingt ausfallen musste.

Die Corona-Krise wirkte schließlich wie ein »Booster« für die Digitalisierung im Lateinunterricht. Schließlich mussten Lehrende nun auf im ›Homeschooling‹ einsetzbare, digitale Lösungen zurückgreifen, um den Spracherwerb und die Textarbeit der Lernenden fortzusetzen. Digitale Fortbildungsangebote und Reflexionen über die Digitalisierung in den Alten Sprachen in Schule und Universität ließen nicht lange auf sich warten.[26] Dass in diesem Zusammenhang auch die digitale Ausstattung der Schulen vorangetrieben wurde, deutet darauf hin, dass digitale Medien auch künftig eine zentrale Rolle in Lehr-Lern-Prozessen einnehmen werden.

Wozu also noch ein Buch?

Nun gibt es inzwischen zwar zuhauf Ideen, wie sich digitale Medien in den Lateinunterricht integrieren lassen, doch wer blickt da im »Dschungel der Möglichkeiten« noch durch? Und welche fachlichen Lernziele können dabei jeweils verfolgt werden? Was also erstens fehlt, ist ein Überblick, wie und wozu sich digitale Medien im Lateinunterricht nutzen lassen. Damit verbunden ist zweitens eine Beurteilung ihrer didaktischen und methodischen Eignung notwendig, denn bekanntlich ist nicht alles Gold, was glänzt. Drittens bleibt trotz des in der Literatur beinahe inflationär gebrauchten Begriffs der »Medienkompetenz«, die sich durch diese oder jene Anwendung ausbilden ließe, immer noch offen, inwiefern dies im Lateinunterricht konkret erfolgen kann. Hier ist übrigens wichtig, dass ein Perspektivwechsel von der Lehrkraft hin zu den Lernenden erfolgt. Es kann nicht darum gehen, was die Lehrkraft mit digitalen Medien »machen« kann, sondern wie die Lernenden sie gewinnbringend für ihre Kompetenzentwicklung nutzen können. Viertens fehlt ein »theoretischer Unterbau«: Wie können digitalgestützte Lehr-Lern-Arrangements aussehen? Dafür wären konkrete Konzepte vorzustellen.

Dieses Buch will daher erstmalig nahezu sämtliche Einsatzmöglichkeiten digitaler Medien, die in den letzten 20 Jahren in der Lateindidaktik vorgestellt

26 Bspw. Sauer 2020 zu Erfahrungen und Erwartungen von Lehrkräften; Beyer/Schulz 2020a zu digitalgestützter Wortschatzarbeit, Beyer/Schulz 2020b zu digitalisierungsbedingten Veränderungsprozessen in Lehre und Forschung; Beyer 2020 zu digitalgestützten Lehr-Lern-Settings; Beyer 2021 zum Potenzial der Digitalisierung für die Spracherwerbsforschung; Eberhardt/Kauk/Korn 2020 zum Lateinunterricht im ›Wechselmodell‹; allgemein Polleichtner 2019.

wurden, sammeln, beschreiben und systematisieren, also in die verschiedenen Handlungs- bzw. Arbeitsfelder des Lateinunterrichts einordnen, sowie um weitere Möglichkeiten ergänzen.[27] Hierbei sollen auch konkrete didaktische Lernziele formuliert werden, die den Medieneinsatz bzw. das angewandte Verfahren jeweils begründen. Eine vorrangig motivationsbezogene Legitimation, wie sie immer wieder vorgenommen wurde, ist kaum ausreichend.[28] Damit soll auch eine kurze Reflexion in Bezug auf ihre jeweiligen Chancen und Grenzen verbunden sein. Hierbei versuchen wir, möglichst durchgehend die Schülerperspektive einzunehmen, denn um die Lernenden als Medien-Nutzende geht es ja: Sie sollen einen Lernfortschritt erreichen und neben fachbezogenen ihre Medienkompetenzen ausbauen.[29]

Dies ist schon das nächste Stichwort. Denn vor allem wollen wir dafür einen Bezug zum Kompetenzrahmen der KMK herstellen, an dem sich ohnehin alle Bundesländer orientieren sollten, und eben jene Lücke zu schließen versuchen, die in der Fachdidaktik immer noch besteht: Zu klären, welche spezifischen Medienkompetenzen jeweils gefördert werden können. Somit kann die Vermittlung und Förderung von Medienkompetenz als pädagogische Zielsetzung im Lateinunterricht verankert und konkretisiert werden.

Was dieses Buch nicht leisten kann und will, ist, einen lerntheoretischen und fachdidaktischen Diskurs für jedes Thema führen (z. B. Notwendigkeit und Probleme der Wortschatzarbeit), detaillierte Praxisbeispiele zu liefern (dazu findet sich ja mithilfe der angegebenen Quellen in Literatur und Internet genug) sowie die technischen Details und Anwendungsweisen einzelner digitaler Tools zu erläutern. Es dürfte doch aus fachdidaktischer Sicht keine Rolle spielen, ob digitale Übungen mit *LearningApps, Hot Potatoes* oder *H5P* generiert und angeboten werden, ob kollaboratives Übersetzen mit *ZUMpad* oder *YOPad* erfolgt oder ob als Lernplattform *Moodle* oder *IServ* verwendet wird. In den Grundfunktionen sind die Tools jeweils weitgehend vergleichbar. Der Schwerpunkt liegt also nicht auf den einzelnen Tools und ihren Einstellungen (z. B. Wie erstelle ich *LearningApps?*), sondern auf ihrem didaktisch und methodisch funktionalen Einsatz (z. B. In welchen Bereichen und wie können *LearningApps* den Lateinunterricht

27 Nach Juni 2021 entstandene Publikationen konnten i. d. R. nicht mehr berücksichtigt werden.

28 So bspw. vorzufinden bei Bäcker 2011, 194 f.

29 Dass sich digitale Medien in der Hand der Lehrenden auch als ›Lehrmittel‹ (z. B. Erstellung von Arbeitsblättern), zur Vorbereitung von Unterricht (z. B. durch Nutzung von Datenbanken, Antikenportalen, Textsammlungen) und zur Organisation des Schulalltags (z. B. Notenverwaltung) eignen, ist oft zu lesen (vgl. die Übersichten bei Doepner/Keip 2016, 3 f.). Da damit keine Medienkompetenzen bei Lernenden gefördert werden, werden wir diese Verwendungsmöglichkeiten außer Acht lassen.

unterstützen, bereichern, neu gestalten?). Die entsprechende technische Kompetenz der Lehrenden und das Vorhandensein einer geeigneten technischen Infrastruktur setzen wir hierbei voraus.

Damit will dieses Buch Impulsgeber und Diskussionsgrundlage dafür sein, wie Digitalisierung im Lateinunterricht legitimiert, konzeptualisiert und praktisch umgesetzt werden kann.

Na dann … los geht's!

Nach einem kleinen theoretischen Exkurs zur Medienkunde, der uns allgemeine Fragen zum Medieneinsatz im Unterricht beantwortet (Kap. 2), wollen wir überlegen, warum digitale Medien überhaupt im Lateinunterricht eingesetzt werden sollten, was sie also ganz konkret für den Lateinunterricht leisten können (Kap. 3). Die verschiedenen, grundsätzlichen Lernziele beim Lateinlernen mithilfe digitaler Medien sammelt dann eine Übersicht, nach Arbeitsfeldern des Lateinunterrichts geordnet, und bietet eine Orientierung für den Medieneinsatz (Kap. 4). Im Folgenden werden dann ausgewählte Programme, Apps und Tools vorgestellt und in ihrer didaktisch und methodisch sinnvollen Anwendung beschrieben. Dies erfolgt ebenfalls sortiert nach Arbeitsfeldern, in denen sie zum Einsatz kommen, also im Bereich der Wortschatzarbeit (Kap. 5), der Grammatikarbeit (Kap. 6), der Texterschließung und Übersetzung (Kap. 7), der Textvertiefung und Interpretation (Kap. 8) sowie der Sachkunde (Kap. 9). Wie gesagt fließen hier Vorschläge, Überlegungen und Erfahrungsberichte aus der fachdidaktischen Literatur ein, die hierbei aktualisiert, bewertet und erweitert werden. Da sich die Möglichkeiten darin natürlich noch nicht erschöpfen, werden abschließend übergeordnete Einsatzmöglichkeiten skizziert (Kap. 10). Auf die Schlussbemerkung (Kap. 11) folgend mag ein Link- und Quellenverzeichnis (Kap. 12) zur weiteren Recherche und zum Ausprobieren anregen und den eigenen Unterricht inspirieren.

2. Kleine Medienkunde oder sieben Fragen zu Medien im Unterricht

2.1. Was sind Medien?

Bevor wir in die Praxis einsteigen, wollen wir kurz einen Abstecher in die Theorie zum Medieneinsatz machen, damit wir genau wissen, was wir wie, warum und wozu tun. Zunächst zum Medienbegriff: Der Lateiner weiß natürlich, dass Medien von lat. *medius,* »in der Mitte befindlich«, kommt. Gemeint sind damit »allgemein Kommunikationsmittel bzw. Vermittlungssysteme für Informationen aller Art«[30]. Ihre Funktionen sind die »Vermittlung von Inhalten« *(propositionale Funktion)*, die »Herstellung bzw. Bestätigung sozialer Beziehungen« *(interaktive Funktion)* sowie der »Ausdruck eigenen Erlebens« *(personale Funktion).*[31]

In der Literatur finden sich zahlreiche Systeme, um Medien zu kategorisieren, etwa nach Medienarten (z. B. visuelle, audiovisuelle, Printmedien) oder auch historisch nach Stationen der Medientechnologie (Oralität, Literalität, Druck und Elektronik).[32] Sinnvoll erscheint eine formale Unterscheidung nach *Aussageträger* (z. B. Tafel, Bücher, Tablet), *Präsentationsform* (z. B. Text, Bild, Lernsoftware) und *didaktischen Zielen* (z. B. Information, Visualisierung).[33]

Wir beschäftigen uns mit solchen Medien, die anfangs noch ›neue Medien‹, inzwischen *digitale Medien* genannt werden, also Computer, Smartphones oder Tablets, die ja nun wirklich nicht mehr so ›neu‹ sind. Sie arbeiten mit Daten in digitaler Form und zeichnen sich insbesondere durch Vernetzung, Interaktivität und Multimedialität aus.[34]

Im Folgenden wollen wir von einem relativ weiten Medienbegriff ausgehen, der alle Medienarten mit einschließt. Dabei wollen wir digitale Medien nicht

---

30 Tenorth/Tippelt 2012, 494.

31 Ebd.

32 Vgl. dazu Raithel/Dollinger/Hörmann 2009, 266 f.

33 Vgl. Riedl 2004, 139.

34 Zu Charakteristika digitaler Medien vgl. Tenorth/Tippelt 2012, 494 f., Bechthold-Hengelhaupt 2001, 14 f., Doepner/Keip 2016, 2.

nur als Aussageträger (also Computer, Smartphone, Tablet), sondern auch als auf ihnen in der Regel funktionsgleich angebotene Präsentationsformen (Online-Tools bzw. Internetanwendungen, Apps/Software, Film usw.) begreifen.

2.2. Was sind Medien im (Latein-)Unterricht?

Im Allgemeinen dienen Medien im Unterricht dazu, Inhalte zu vermitteln, Lehr-Lern-Prozesse anzuregen, zu unterstützen und zu optimieren und insgesamt Lerneffekte zu steigern. Grundsätzlich können wir bei der Mediennutzung zwei Nutzergruppen unterscheiden: Bei der Mediennutzung durch die Lehrkraft, etwa wenn sie die Tafel zur Visualisierung von Unterrichtsergebnissen nutzt, sprechen wir von Medien als *Lehrmitteln*. Medien in der Hand der Lernenden sind *Lernmittel* und sollen beispielsweise das selbstständige Lernen fördern (z. B. Arbeitsblätter oder Schulbücher).[35]

Im Lateinunterricht finden üblicherweise folgende Medien Anwendung (verstanden als Aussageträger):[36] *Printmedien* (z. B. Lehrbücher, Arbeitshefte, Vokabelhefte), *Tafel* (z. B. Kreidetafel, interaktives Whiteboard), *Overhead-Folien, Plakate* und *Poster, Bilder, Tonträger* (z. B. CDs), *Filme* (z. B. DVDs, Blu-Rays), *Computer, Tablet* oder *Smartphone* und *Lernspiele.*

Dass sich die Funktionen von Medien je nach Schwerpunkt und Zielsetzung des Unterrichts, Phase und Sozialform unterscheiden, versteht sich von selbst (vgl. Kap. 2.4.). Grundsätzlich muss der Medieneinsatz im Unterricht stets didaktisch begründet sein. Wie methodische Entscheidungen ist er von der didaktischen Intention des Unterrichts, also von den zu erreichenden Lernzielen und der angestrebten Kompetenzförderung, abhängig.

2.3. Was ist und was will die Medienpädagogik?

In der Erziehungswissenschaft gibt es gleich mehrere Bereiche, die sich dem Medienthema widmen. Übergeordnet steht der Bereich der Medienpädagogik, die sich, grob gesagt, mit sämtlichen Fragen der pädagogischen Bedeutung und Nutzung von Medien beschäftigt.[37] Als Kernbereiche der Medienpädagogik gelten Medienerziehung und Mediendidaktik.

---

35 Vgl. Riedl 2004, 137–139.
36 Vgl. Drumm/Frölich 2007, 330 f., unter eigener Ergänzung.
37 Vgl. Mandl/Kopp 2012, 496.

Bei Ersterer geht es darum, Lernende zu einem kompetenten Umgang mit Medien zu befähigen. Heinz-Elmar Tenorth und Rudolf Tippelt definieren Medienerziehung demgemäß als »pädagogisches Handeln, das zur kritischen Mediennutzung anleitet, indem es den Umgang mit den Medien, medienbezogenes Urteilsvermögen und Medienkompetenz vermittelt.«[38]

Dagegen befasst sich Mediendidaktik mit der Frage des sinnvollen Medieneinsatzes zur Unterstützung bestimmter Lernziele, oder, um dies mit Heinz Mandl und Birgitta Kopp zu konkretisieren, sie »umfasst die Verbesserung und Optimierung von Lehr-Lern-Angeboten durch den Einsatz von Medien und Technik und befasst sich mit unterrichtsrelevanten Fragen der Verwendung und Nutzung von Medien im Schul- und Ausbildungsbereich«[39].

Wozu ist das wichtig? Wollen wir im Lateinunterricht – vor allem digitale – Medien unterrichtlich nutzen, müssen wir auch Erkenntnisse der Medienpädagogik einbeziehen. Nur so wissen wir, wie wir mediale Lernumgebungen gestalten müssen, die den Lernenden zum kritischen und kompetenten Mediengebrauch verhelfen und in denen Medien lernwirksam verwendet werden.

2.4. Wie lassen sich digitale Medien im Lateinunterricht nutzen?

Im Vergleich zu herkömmlichen Computern bzw. Notebooks bringen Tablets und Smartphones weitere Möglichkeiten mit sich: Als multimediale Werkzeuge mit Kamera, Mikrofon, Touchscreen und multifunktionalen Anwendungsprogrammen (›Apps‹), die in jede Schul- bzw. Hosentasche passen, können sie nicht nur das Lernen in der Schule, sondern auch unterwegs oder zu Hause unterstützen. Künftig werden wohl Tablets das zentrale Lernmedium sein: Sie sind leichter, flacher und in der Anwendung flexibler als Notebooks, doch größer und für Unterrichtszwecke bedienungsfreundlicher als Smartphones – und lassen sich in der Regel einfacher administrieren.[40] Ob Notebook, Tablet oder Smartphone, fest steht jedenfalls: Der statische »Computerraum« hat zugunsten mobiler Endgeräte ausgedient.

38 Tenorth/Tippelt 2012, 500.

39 Mandl/Kopp 2012, 498; daneben zielt sie aber auch auf didaktisch-methodische Aspekte der Entwicklung und Gestaltung von Medien ab, vgl. Tenorth/Tippelt 2012, 500.

40 Es ist wohl kaum vertretbar, dass die Lernenden ihr privates Smartphone nach dem Prinzip ›Bring Your Own Device‹ verwenden müssen, abgesehen von Finanzierungs- und Gerechtigkeitsaspekten: Pädagogische Kontrolle und technische Administration sind kaum möglich. Für Begründungen und Lern-Lehr-Settings mit dem Smartphone vgl. Friedrich/Bachmair/Risch 2011.

Computer und Tablets haben, wie oben erwähnt, keinen pädagogischen Eigenwert. Ihr Einsatz im Unterricht muss grundsätzlich an didaktische Entscheidungen geknüpft sein – und dient nicht dem Selbstzweck.[41] Versuchen wir, mögliche Anwendungsgebiete für den Einsatz digitaler Medien im Lateinunterricht zu differenzieren:[42]

1. Der *Information* dienen sie, indem die Lernenden etwa eine Internetrecherche durchführen, digitale Arbeitsmaterialien nutzen oder digitale Wörterbücher konsultieren und dadurch ihre Wissenskonstruktion unterstützen. Auch der Bereich der Lernhilfen lässt sich hier verorten, indem sie sich bei *WebQuests* oder interaktiven Übungen unterstützende Hinweise anzeigen lassen.
2. Eine *Dokumentation, Produktion* und *Präsentation* von Unterrichtsergebnissen gelingt, indem sie beispielsweise Übersetzung und Grammatikregeln digital notieren oder Interpretationsergebnisse als *PowerPoint*-Präsentation, Podcast oder Film aufbereiten.
3. Zur *Kommunikation* und *Kooperation* nutzen die Lernenden E-Mails, Lernplattformen oder kollaborative Texteditoren, etwa zur Texterschließung.
4. Zentral ist der Bereich multimedialen und interaktiven *Lernens und Übens.* Hier können die Lernenden über »Vokabeltrainer« ihre Wortschatzkenntnisse üben, durch digitale Übungen wie *LearningApps* und *Kahoot!* Grammatikregeln festigen oder durch Simulationen einen virtuellen Rundgang durchs alte Rom unternehmen.
5. Schließlich ermöglichen sie eine *Reflexion und Evaluation.* Durch digitale Tools können die Lernenden ihren Lernfortschritt beurteilen, der Lehrkraft ein Feedback geben oder umgekehrt Rückmeldungen erhalten. Schließlich können mediale Darstellungen und Inhalte selbst Gegenstand einer Auseinandersetzung sein (›Medienkritik‹).

Wie der Einsatz digitaler Medien Lehr-Lern-Prozesse verändern und umgestalten kann, lässt sich am sogenannten SAMR-Modell von Ruben Puentedura konkretisieren:[43] Nach der Funktion der *Substitution* werden analoge Medien durch digitale Medien lediglich ersetzt (z. B. markieren die Lernenden zur Texterschließung die relevanten Begriffe in einem digital vorliegenden Text am Tablet anstatt auf einem Arbeitsblatt). Im Rahmen der *Augmentation* ermöglichen digitale Medien im Vergleich zu analogen Medien funktionale Verbesserungen (z. B. erhalten die Lernenden in digitalen Übungsformaten wie *LearningApps* ein

41 Vgl. Bechthold-Hengelhaupt 2007, 336.
42 Angelehnt an Riedl 2004, 141 f.
43 Puentedura 2006.

direktes Feedback zu ihrer Eingabe). Grundlegende Veränderungen des Unterrichts durch den Einsatz digitaler Medien werden als *Modifikation* bezeichnet (z. B. erschließen und übersetzen die Lernenden einen Text kollaborativ über *ZUMpad*). Schließlich kann der Einsatz digitaler Medien zu völlig neuen Möglichkeiten der Unterrichtsgestaltung führen, was als *Redefinition* bezeichnet wird (z. B. erarbeiten die Lernenden lateinische Grammatikphänomene mit Lernvideos nach dem Konzept des *Inverted Classroom*).[44] Digitale Medien können somit einen Lateinunterricht realisieren, der vorher so nicht vorstellbar war.

2.5. Wie lässt sich die Eignung digitaler Medien beurteilen?

Gerade im Internet finden sich unzählige Tools (›E-Learning-Werkzeuge‹), die sich unterrichtlich nutzen lassen, und auch der Markt für Apps für Bildungszwecke wächst stetig. Einen Kanon ›guter‹ Medien gibt es – zum Glück – nicht. Es kommt auf die Lehrkraft an, Tools, Apps und Computersoftware, die sie im Unterricht einsetzen will, auf ihre Eignung hin zu prüfen. Folgende Kriterien können dabei helfen, das mediale Angebot zu beurteilen:[45]

Mögliche Prüfkriterien für digitale Angebote

Didaktische und pädagogische Aspekte

- Welcher ›Mehrwert‹ besteht für den Unterricht (z. B. Ebene des SAMR-Modells, Lernwirksamkeit)?[46]
- Welche didaktische Funktion wird erfüllt (z. B. Information, Kooperation, Präsentation)?
- Welche fachbezogenen und Medienkompetenzen können gefördert werden?
- Ist es für die Lerngruppe geeignet (z. B. in Bezug auf Alter, Vorkenntnisse, technische Voraussetzungen, Verständlichkeit)?
- Wo liegen Grenzen – und bestehen Risiken oder Gefahren?

44 Vgl. hierzu die Übersicht von Ulf Jesper, der zu diesen vier Ebenen Veränderungen des Lateinunterrichts konkretisiert: https://www.latein-unterrichten.de/fileadmin/content/fachdidaktik/medien/image/Einfluss_auf_Unterrichtsgestaltung_LATEIN.pdf (Zugriff: 07.08.2021).

45 Ausgehend u. a. von Schareika 2002c, unter eigener Bearbeitung und Ergänzung.

46 Vgl. zur Problematik des ›Mehrwert‹-Begriffs Krommer 2020.

Technisch-inhaltliche und methodische Aspekte

- Wie ist die inhaltliche Qualität (z. B. Korrektheit, wissenschaftliche Fundierung, Aktualität und Authentizität der Inhalte, Quellennachweis)?
- Wie ist die grafische bzw. Darstellungsqualität (z. B. Struktur, Auflösung, Multimedialität)?
- Wie ist die didaktisch-methodische Ausführung (z. B. Interaktivität, Ansprache mehrerer Lernkanäle, Form der Rückmeldungen)?
- Ist das Angebot frei von Werbung?
- Ist es leicht zu bedienen bzw. anzuwenden (›Usability‹)?
- Können die Inhalte weiterverwendet bzw. -verarbeitet werden (z. B. Drucken, Speichern, Exportieren, Verlinken)?

Unterrichtspraktische Aspekte

- Ist es kostenlos nutzbar bzw. wie wird es finanziert (z. B. *Open-Source*, Schullizenz)?
- Welcher Zeitumfang ist für Einarbeitung und Anwendung erforderlich?
- Wo und wie kann das digitale Tool eingesetzt werden (z. B. in der Schule, zu Hause, mobil)?

Diese Prüfkriterien brauchen selbstverständlich nicht gänzlich ›abgearbeitet‹ zu werden. Diese Aufstellung zeigt, auf welchen Begründungsebenen eine Entscheidung getroffen werden kann. Hilfreich ist es also, sich einzelne, jeweils relevante Kriterien vorzunehmen. Essenziell ist dabei der Einbezug des konkreten Unterrichtszusammenhangs, der Lerninhalte und der didaktischen Intention. Hier ist grundsätzlich zu prüfen, ob das gewählte Medium dem Erreichen der angestrebten Lernziele Rechnung trägt und den Kompetenzaufbau der Lernenden wirksam unterstützt (›Primat der Didaktik‹).

2.6. Was bedeutet Medienkompetenz?

Dass Medienkompetenz als Bildungsziel von Schule gilt, ist bekannt. Doch was soll das genau bedeuten? Die Diskussion um diesen Begriff in der Pädagogik wurde stark von Dieter Baacke geprägt, dessen Konzept einer Medienkompetenz die Bereiche *Medienkunde, Medienkritik, Mediennutzung* und *Mediengestaltung* umfasst.[47] Doch auch weitere, konkurrierende Konzeptionen von Medienkompetenz wurden vorgestellt. Herbert Gudjons und Silke Traub heben Orientierung und Handlungsfähigkeit in einer von digitalen Medien bestimmten Welt hervor.[48] Nach Heinz Mandl und Birgitta Kopp kann Medienkompetenz wie folgt zusammengefasst werden:

1. Wissen über Funktion, Aufbau und Struktur von Medien;
2. Reflexiv-kritischer Umgang mit Medien;
3. Kreative Nutzung und eigene Gestaltung von Medien.[49]

Auch in der altsprachlichen Didaktik ist lange diskutiert worden, was Medienkompetenz etwa im Lateinunterricht bedeuten soll.[50] Dabei beklagte man auch einen lückenhaften, widersprüchlichen oder ungenauen Gebrauch dieses Begriffs.[51] Zuletzt stellten Thomas Doepner und Marina Keip in Anlehnung an die Begrifflichkeit von Dieter Baacke eine »kompetente und kritische Mediennutzung« in den Vordergrund, »da sie im Unterrichtsalltag den größten fachlichen und didaktischen Nutzen bringen kann.«[52] Dabei seien die anderen drei Dimensionen von Medienkompetenz jedoch »bei jeder Mediennutzung zu reflektieren und ggf. ausdrücklich zu thematisieren«.[53] Aber auch hier bleiben Definition, Begründung und die Bedeutung für die Unterrichtspraxis vage.

---

47 Vgl. Raithel/Dollinger/Hörmann 2009, 272 f.; Hierbei habe Medienkunde eine informative und eine instrumentell-qualifikatorische, Medienkritik eine analytische, eine reflexive und eine ethische Dimension, Mediennutzung eine rezeptive und interaktive, Mediengestaltung eine innovative und eine kreativ-ästhetische Dimension (ebd.).

48 Gudjons/Traub 2012, 382; dies. (ebd.) nennen als Teilaspekte: »Fragen der Medienethik (Datenschutz, Urheberrecht etc.), Fähigkeit zur Medienkritik, ein sachlich fundiertes Wissen im Sinne einer Medienkunde, Mediennutzung sowohl zur Informationsgewinnung und zum Wissenserwerb als auch zur Unterhaltung, Mediengestaltung (von der Ästhetik der Homepage bis zur Sprengung etablierter Logiken des Systems durch kreative Neuschöpfungen) und schließlich eine reflektierte Urteilskompetenz, die die politische Dimension der Globalisierung ebenso erkennen wie sie Internetschrott aller Art kritisieren kann.«

49 Mandl/Kopp 2012, 496 f.

50 Vgl. etwa die Definition von Bechthold-Hengelhaupt 2002.

51 Vgl. die Kritik von Stenzel 2002, etwa auch zur ›Technikfixierung‹ mancher Definitionen.

52 Doepner/Keip 2016, 3.

53 Ebd.

Inzwischen ist diese Lücke sozusagen bildungspolitisch geschlossen worden: Die Kultusministerkonferenz hat 2016 einen Kompetenzrahmen für den Erwerb von »Kompetenzen in der digitalen Welt« erarbeitet, der über die bisherigen Konzepte zur Medienbildung hinausgeht und die Grundlage für die Überarbeitung von Bildungs-, Lehr- und Rahmenplänen der Unterrichtsfächer durch die Länder bilden soll.[54] Dabei werden sechs Kompetenzbereiche mit jeweils mehreren Teilkompetenzen formuliert, die wir wegen des Umfangs hier nur anreißen wollen:[55]

1. Der Kompetenzbereich *Suchen, Verarbeiten und Aufbewahren* beinhaltet beispielsweise die Nutzung von Suchstrategien, die Filterung von Ergebnissen, die Bewertung sowie sichere Speicherung und Organisation von Daten und Informationen.
2. Im Kompetenzbereich *Kommunizieren und Kooperieren* geht es unter anderem um die Auswahl und Verwendung digitaler Kommunikationsmöglichkeiten, das Teilen von Dateien, Informationen und Links, um eine Zusammenarbeit mithilfe digitaler Werkzeuge, die Einhaltung von Umgangsregeln und gesellschaftliche Teilhabe.
3. Zum *Produzieren und Präsentieren* gehören etwa die Anwendung technischer Bearbeitungswerkzeuge, die Planung, Gestaltung, Präsentation und Veröffentlichung eigener Produktionen, die Weiterarbeit mit Inhalten oder digitalen Produkten und die Beachtung von Urheber-, Nutzungs- und Persönlichkeitsrechten.
4. *Schützen und sicher agieren* können die Lernenden, indem sie sich mit Risiken und Gefahren in digitalen Umgebungen, Datenmissbrauch und Suchtgefahren auseinandersetzen und entsprechende Schutzmaßnahmen (mit Bezug auf Datenschutz, Privatsphäre, Jugend- und Verbraucherschutz) ergreifen sowie digitale Technologien mit Blick auf Gesundheit, Natur und Umwelt bewusst nutzen.
5. Der Kompetenzbereich *Problemlösen und Handeln* bezieht sich dagegen auf das Lösen technischer Probleme, die Identifizierung und persönliche Anpassung digitaler Werkzeuge und Umgebungen, auf die Nutzung digitaler Werkzeuge und Medien zum Lernen, Arbeiten und Problemlösen oder auch auf Kenntnisse zur Funktionsweise von Algorithmen.
6. Der Bereich *Analysieren und Reflektieren* beschreibt die Fähigkeit der Lernenden, Medien zu analysieren und zu bewerten (etwa in Bezug auf Gestaltungsmittel, Wirkungen), Chancen und Risiken des Mediengebrauchs zu

---

54 Kultusministerkonferenz 2016, 15
55 Kultusministerkonferenz 2016, 16–20.

erkennen, den eigenen Mediengebrauch zu reflektieren und anzupassen oder sich auch mit der Bedeutung digitaler Medien für Wirtschaft und politische Prozesse zu beschäftigen.

Diese Medienkompetenzen sind also auch im Lateinunterricht zugrunde zu legen. Daher werden wir uns im Folgenden an dem von der Kultusministerkonferenz entwickelten Kompetenzrahmen orientieren, um entsprechende Anknüpfungspunkte durch das Fach Latein aufzuzeigen (oder zumindest zur Diskussion zu stellen). Dafür werden die jeweiligen Teilkompetenzen ausformuliert und den einzelnen Verfahren zugeordnet.[56]

Eine Unterstützung der Medienkompetenz-Entwicklung der Lernenden durch die Lehrkraft kann übrigens durch eine Abstufung in den Vorgaben erfolgen: Gibt die Lehrkraft am Anfang noch eine präzise, verbindliche Anleitung bei der Anwendung eines Tools bzw. einer Methode (1. Stufe), so kann sie mit der Zeit, wenn die Lernenden damit vertraut sind, die Hilfen zurücknehmen und lediglich Hinweise anbieten (2. Stufe), bis sie selbstständig arbeiten und eigene Programme bzw. Tools zur Bearbeitung einer Aufgabenstellung auswählen können (3. Stufe).

2.7. Wie können digitalgestützte Lehr-Lern-Settings aussehen?

Wenn wir über den Einsatz digitaler Medien im Unterricht sprechen, kommen wir an einem Konzept nicht vorbei: dem *Blended Learning* (»vermischtes Lernen«). Hier geht es darum, gemeinsame Präsenzphasen in der Schule mit Online-Phasen didaktisch sinnvoll zu verknüpfen, oder, besser gesagt, zu verzahnen. Dabei sollen die Vorteile der einen Phase die Nachteile der anderen Phase ausgleichen. So lässt sich in Online-Phasen eine stärkere Individualisierung bzw. Personalisierung und Differenzierung des Lernens realisieren als im Präsenz-Unterricht. Die Lernenden können selbstgesteuert arbeiten, örtlich und zeitlich flexibel, mit differenzierten Materialien, nach eigenen Lernwegen, multimedial, multimodal und interaktiv. Die im Online-Lernen fehlenden Möglichkeiten persönlichen Austauschs und sozialer Interaktion (z. B. Gruppenaktivitäten, Diskussionen, handlungsorientierte Methoden) sind dagegen Teil der Präsenzphase.

56 Übrigens lassen sich bei den Lernenden nicht nur digitale und Medienkompetenzen fördern, sondern auch Fähigkeiten nach dem sogenannten »4K-Modell«, also Kreativität, Kollaboration, Kommunikation und kritisches Denken, wie Florian (2018) dargelegt hat. Allerdings ist dieses Modell umstritten und hat nicht die schulische Relevanz wie das Kompetenzmodell der KMK.

Diese Online-Phasen finden in der Regel in Form des *E-Learning* statt, indem die Lernenden zu selbst bestimmten Zeitpunkten und im eigenen Tempo zu Hause die digital (z. B. auf einer Lernplattform) zur Verfügung gestellten Aufgaben bearbeiten. Hier sprechen wir vom »asynchronen«, d. h. zeitversetzten Lernen. Doch auch *Distance Learning* als gemeinsamer »Live-Online-Unterricht« (beispielsweise über Videokonferenzen) oder *Mobile Learning* sind möglich.[57]

Wenn wir versuchen, digitalgestützte Lehr-Lern-Settings nach ihrem »Virtualisierungsgrad« zu differenzieren, also nach dem inhaltlichen und zeitlichen Stellenwert des Einsatzes digitaler Medien, so nimmt das *Blended Learning* eine Mittelstellung ein:[58]

- Nach dem *Anreicherungskonzept* werden Präsenzveranstaltungen lediglich durch punktuellen Einbezug digitaler Medien unterstützt, etwa wenn die Lernenden in der Schule die neu gelernte Grammatik mithilfe digitaler Übungen festigen.
- Das *Integrationskonzept (Blended Learning)* geht von einem Wechsel zwischen Präsenz- und Onlinephasen aus. Das war beispielsweise der Fall, als die Schulen pandemiebedingt den Unterricht im ›Wechselmodell‹ fortsetzten, die Lernenden die neue Grammatik also zu Hause online zum Beispiel über Lernvideos erarbeitet und ihre Ergebnisse schließlich im Präsenzunterricht vorgestellt haben.[59]
- Gemäß dem *Virtualisierungskonzept* findet der Unterricht (fast) ausschließlich online statt – gegebenenfalls mit wenigen, meist zu Beginn oder zum Ende stattfindenden Präsenzterminen. Dies ist mit dem monatelang andauernden ›Homeschooling‹ vergleichbar, in dem die Lernenden beispielsweise grammatische Phänomene nur online gelernt und in Online-Videokonferenzen besprochen haben *(reines E-Learning* bzw. *Distance Learning).*

Aber soll jetzt Lateinunterricht immer in Form des *Blended Learning* ablaufen, wenn wir digitale Medien einsetzen? Im normalen Schulalltag wäre wohl die erste Stufe vorzuziehen, stellt doch Hilbert Meyer hinsichtlich der zweiten und dritten Stufe vor dem Hintergrund der Erfahrungen, die Schulen, Lehrende

---

57 Vgl. Beyer 2020, 26–28. Dabei finden *Distance Learning* und *E-Learning* in der Regel an einem privaten Lernort statt, das *Mobile Learning* an bestimmten außerschulischen Lernorten oder auch unterwegs. Erfolgt Ersteres zeitgleich (synchron), arbeiten die Lernenden in den beiden letzteren Designs asynchron.

58 Vgl. zur Begrifflichkeit etwa Bremer 2017, dort aber mit Blick auf die Hochschullehre. Generell ist die Begrifflichkeit in der Literatur sehr uneinheitlich. Teils werden sogar alle drei genannten Konzepte als *E-Learning* verstanden.

59 Vgl. hierzu auch das Modell von Kauk/Eberhardt/Korn 2020.

und Lernende im Verlauf der Corona-Pandemie gemacht haben, ernüchtert fest: »Die Vorzüge von Homeschooling und Blended Learning sind eng begrenzt. Die Nachteile überwiegen.«[60] Für digitalgestützten Unterricht nach dem *Anreicherungskonzept* könnte sich demnach folgendes Vorgehen anbieten:[61]

1. *Plenumsphase:* Die Lehrkraft weist die Lernenden in Programm, Tool, Internet-Anwendung usw. ein und klärt mit ihnen das Vorgehen, z. B. bei einer Übungsstunde mit *LearningApps.*
2. *Individual-/Online-Phase:* Die Lernenden arbeiten individuell in Einzel-, Partner- oder Gruppenarbeit mit ihrem digitalen Endgerät bzw. online an ihren Aufgaben, etwa an den genannten digitalen Übungen.
3. *Plenumsphase:* Anschließend tauschen sich die Lernenden über ihre Ergebnisse aus, können Fragen klären, Methode, Programm oder Lernprozess reflektieren und der Lehrkraft Rückmeldungen geben. Außerdem kann die Lehrkraft den Unterricht inhaltlich fortsetzen. Am Beispiel von *LearningApps* können die Lernenden etwa Schwierigkeiten besprechen, Defizite der Anwendung bei der Texteingabe problematisieren und anhand eines Evaluationsbogens ihren Lernfortschritt einschätzen. An solche »vorentlastenden« Übungen kann sich nun eine gemeinsame Textarbeit anschließen.

Es gibt aber Unterrichtssettings, in denen *Blended Learning* im Lateinunterricht zu Normalzeiten besonders gut umgesetzt werden kann. Dazu zählen das Modell des *Inverted Classroom* (vgl. Kap. 6.1.a), die Arbeit mit *WebQuests* (vgl. Kap. 8.4.) sowie digitalgestützte Erkundungen anhand von QR-Codes (vgl. Kap. 10.3.). Voraussetzung wäre nach den Erfahrungen aus dem ›Homeschooling‹ allerdings, dass Lernende mit selbstreguliertem Lernen vertraut sind sowie Fähigkeiten der Selbstorganisation entwickeln konnten.[62] Gerade Selbst- und Zeitmanagement sind für erfolgreiches *Blended Learning* unerlässlich.

Schulisches *Blended Learning* lässt sich dadurch realisieren, dass die Online-Phase entweder in die *Hausaufgabenzeit* verlagert wird oder im Unterricht selbst

60 Meyer 2020a, 10.

61 Das hier beschriebene Vorgehen ist kein *Blended Learning* im engeren Sinne, da mit Unterrichtsraum und -zeit eine Orts- bzw. Zeitbindung vorliegen, der Medieneinsatz nur kurzzeitig erfolgt und der Unterricht im Anschluss gemeinsam fortgeführt wird. Es finden sich zudem weder das Design des *Distance Learning,* des *Mobile Learning* noch des *E-Learning* konsequent umgesetzt.

62 Vgl. Sauer 2020, 12; bei den Lernenden kristallisierten sich geringe Motivation, fehlende Selbstorganisation und technische Probleme als zentrale Probleme während des Distanzunterrichts heraus (ebd., 11).

als längere, eigenständige Arbeitsphase etwa *innerhalb einer Doppelstunde* stattfindet. Im Gegensatz zu einzelnen, durch digitale Medien »angereicherten« Unterrichtsstunden wird dafür eine ganze Unterrichtsreihe in Online- und Präsenzphasen strukturiert, die inhaltlich genau aufeinander abgestimmt sind und – um die Metapher von Martina Sobel zu bemühen – wie Zahnräder passend ineinander greifen.[63] Beide Phasen werden miteinander verknüpft und gezielt aufeinander bezogen, um ein spezifisches, übergeordnetes Lernziel zu erreichen. So werden die in einer Online-Phase erarbeiteten Inhalte in der Präsenzphase aufgegriffen und angewendet, woraus sich vertiefende Aufgaben für die nächste Online-Phase ergeben:[64]

1. *Individual-/Online-Phase* (z. B. Einstieg und Erarbeitung): Die Lernenden erarbeiten Grundlagen eines neuen Themas und bearbeiten dazu interaktive Übungen, um ihr Verständnis zu prüfen. Zudem können Formen synchronen oder asynchronen Lernens und Zusammenarbeitens Anwendung finden oder auch eigene Lernprodukte angefertigt werden.
2. *Präsenzphase* (z. B. Austausch, Präsentation und Anwendung): Die Lernenden tauschen sich im Plenum aus, klären gemeinsam offene Fragen und Schwierigkeiten, wenden die neuen Erkenntnisse an weiteren Übungen an und festigen sie, halten Präsentationen, diskutieren über eine Problemstellung, setzen handlungsorientierte Verfahren oder Gruppenaktivitäten um.
3. *Individual-/Online-Phase* (z. B. Vertiefung und Vernetzung): Die Lernenden fassen Ergebnisse aus der Präsenzphase zusammen, festigen und vertiefen das Gelernte, idealerweise anhand von differenzierten und weiterführenden Aufgabenstellungen, und bereiten die nächste Präsenzphase vor. Wichtig ist, dass mit den Ergebnissen und Produkten der Präsenzphase direkt weitergearbeitet wird.

Getragen wird ein solches Unterrichtsmodell durch die Nutzung einer *Lernplattform* (vgl. Kap. 10.1.). Sie ist das zentrale Medium zum Abruf von Aufgaben, Übungen und Tests, zum Download von Lernvideos und anderen medialen Angeboten, zur Einsicht von Hilfestellungen und Tipps, zur Kommunikation und Zusammenarbeit (z. B. über Chats, Foren, kollaborative Texteditoren), zur Abgabe der Ergebnisse, zum Erhalt von Feedback usw. Aber das ist seit dem ›Homeschooling‹ ja allzu bekannt.

---

63 Sobel 2020, 26 f.; dies. (2020, 34 f.) spricht von einer »Verlagerung des kompletten Lernprozesses in digitale und analoge Arbeitsphasen: Eine übergeordnete Lernaufgabe wird in digitale und analoge Arbeitspakete zerlegt.«

64 Vgl. Sobel 2020.

Dass sich in diesem Unterrichtsmodell auch die Rolle der Lehrkraft verändert, liegt auf der Hand. Da die neuen Inhalte in Online-Phasen vermittelt werden, muss sie sie didaktisch besonders reduziert und zugleich digital aufbereiten und in überschaubare »Lernhäppchen« portionieren, damit die Lernenden sie zu Hause problemlos erarbeiten und positive Lernerfahrungen machen können.[65] In den Präsenzphasen unterstützt sie die Lernenden persönlich bei der Anwendung des Gelernten und hilft bei Fragen und Schwierigkeiten. In den Online-Phasen kann sie den Lernenden zusätzlich über digitale Kommunikationsmöglichkeiten zur Verfügung stehen und sie beim eigenverantwortlichen, eigenaktiven Wissenserwerb und Kompetenzaufbau individuell begleiten. Der konstruktivistischen Lerntheorie wird hiermit übrigens in besonderer Weise Rechnung getragen.[66]

Doch nicht nur beim *Blended Learning*, sondern generell beim Einsatz digitaler Medien gilt, dass die Lehrkraft selbst ausreichend qualifiziert sein muss: sowohl technisch, um digitale Medien und Tools im Unterricht richtig anzuwenden und die Lernenden darin einzuweisen, als auch (medien-)pädagogisch, um digitale Medien funktional und effektiv zur Erreichung fachspezifischer Lernziele zu nutzen und die Lernenden zu einer kompetenten Mediennutzung zu befähigen.

Übrigens hängt eine erfolgreiche Umsetzung digitalgestützter Lehr-Lern-Settings nicht nur von der einzelnen Lehrkraft ab, sondern vielmehr von einer gesamtschulischen Koordination, etwa durch Einführung einer Lernplattform, gemeinsame Absprachen und zentrale IT-Administration.[67]

---

65 Vgl. Sobel 2020, 28 – hier kann auch von ›Microlearning‹ gesprochen werden.
66 Vgl. Gudjons/Traub 2012, 383.
67 Vgl. Beyer 2020, 29.

3. Wozu digitale Medien im Lateinunterricht? Drei Argumente!

3.1. Das didaktische Argument

›Digitale Medien können die Entwicklung von Sprach-, Text- und Kulturkompetenz effektiv unterstützen. Zudem können sie selbst Lerngegenstand im Lateinunterricht sein, gerade im Bereich der gegenwartsbezogenen oder rezeptionsgeschichtlichen Interpretation sowie der Sachkunde. So kann die Antike für die Zukunft bewahrt und den Lernenden lebendig vermittelt werden.‹

Primär muss es darum gehen, dass digitale Medien den Kompetenzerwerb der Lernenden fördern und fachdidaktische Ansprüche in besonderem Maße erfüllen. Dass sie dies tatsächlich vermögen und überdies dem Lateinunterricht noch neue Möglichkeiten einer Antike-Vermittlung eröffnen, lässt sich im Folgenden zeigen:[68]

- *Sprachkompetenz:* Digitale Lernangebote und Übungsformate können fachdidaktischen Prinzipien in besonderer Weise gerecht werden: Vielfalt und Abwechslung, Vernetzung und Umwälzung, Individualisierung und Differenzierung, eine multimedial gestützte Ansprache mehrerer »Lernkanäle«, Interaktion und Wettbewerb sind Elemente, die bei der Erstellung digitaler Übungen im Bereich von Lexik und Grammatik realisiert werden und Interesse und Motivation der Lernenden steigern können. Ebenso entstehen neue Möglichkeiten der Grammatikeinführung (z. B. mit Lernvideos im *Inverted Classroom*) und der Visualisierung – alles zentrale Elemente im Prozess des lateinischen Spracherwerbs.
- *Textkompetenz* (und *Literaturkompetenz*): Digitale Medien können nicht nur Texterschließung und Übersetzung erleichtern oder beschleunigen oder die produktiv-kreative Textarbeit in neue Sphären heben (s. u.), sondern

68 Davon abgesehen enthält das Internet – sozusagen auf der »Metaebene« gesehen – ein umfangreiches, fachdidaktisches Angebot zur Weiterentwicklung des Lateinunterrichts.

insbesondere Gegenstand gegenwartsbezogener oder rezeptionsgeschichtlicher Interpretationsverfahren sein, bietet das Internet doch zahlreiches Text-, Bild- und Filmmaterial, mit dem sich der lateinische Text vergleichen lässt. Literarische und künstlerische Rezeptionsdokumente lassen sich dabei in originalen Quellen oder bester Auflösung verwenden. Zudem eröffnen sich, z. B. mit Blick auf die lateinische *Wikipedia* oder lateinische Musik- und Filmdokumente, neue Möglichkeiten für »Latine loqui«. Das Internetangebot zur lateinischen Sprache und Literatur, zur Übersetzung und Interpretation ist immens.
- *Kulturkompetenz:* Schier unendlich scheint das Angebot im Bereich antiker Geschichte und Kultur (Sachkunde). Schaubilder, Grafiken, Skizzen, Grundrisse, Karten zu antiker und moderner Topographie, Gemälde, Abbildungen von Statuen, Fotos, 3D-Simulationen und filmische Rekonstruktionen von antiken Stätten, Bauwerken oder Ereignissen, Dokumentationen, Lexika und Materialsammlungen usw. lassen die Lernenden in die antike Welt eintauchen und halten sie lebendig, anschaulich und authentisch.

Dadurch ergeben sich für den altsprachlichen Unterricht mit den Worten von Tilman Bechthold-Hengelhaupt in der Tat »völlig neue Chancen«. Zeigen wir also, »dass die Beschäftigung mit den alten Sprachen und mit der Welt der Antike sehr wohl mit einem aufgeschlossenen Verständnis für die moderne Welt einhergehen kann, ja dass sich gerade mit dem Siegeszug der neuen Medien die Chance ergibt, das Altertum vor dem drohenden Vergessen zu bewahren und es mit diesen Medien einem breiteren Publikum zugänglich zu machen.«[69]

3.2. Das (medien-)pädagogische Argument

›Der Lateinunterricht kann durch die Arbeit mit digitalen Medien Medienkompetenzen fördern, Wissenschaftspropädeutik betreiben und Schlüsselqualifikationen vermitteln.‹

Das Ziel des Unterrichts mit digitalen Medien (wie auch Bildungsziel von Schule) ist die Vermittlung und Förderung von Medienkompetenzen. Dafür

69 Bechthold-Hengelhaupt 2001, 91; dass digitale Medien eine Bereicherung für den altsprachlichen Unterricht darstellen und zum Fortleben der Antike beitragen können, ist oft festgestellt worden (bspw. Doepner/Keip 2016, 7). Die Digitalisierung wird übrigens gemäß der Befragung von Sauer (2020, 12) auch von Lehrkräften insgesamt als Chance für die Alten Sprachen gesehen.

ist der altsprachliche Unterricht mit den vielfältigen und umfangreichen Internetangeboten zur griechisch-römischen Antike geradezu prädestiniert.[70]

Schon früh stellte man in der Fachdidaktik des altsprachlichen Unterrichts mit Blick auf den Computereinsatz fest, dass dieser den Lernenden Recherchetechniken vermitteln, Möglichkeiten der Produktion und Präsentation eröffnen und sie zur Beurteilung und Reflexion von Medienangeboten befähigen kann. Gerade die freie Internetrecherche kann wissenschaftspropädeutisches Arbeiten ermöglichen, indem Fragen nach Wissenschaftlichkeit und sachlicher Richtigkeit thematisiert werden.[71] Nicht zuletzt kann das Lernen mit digitalen Medien im Lateinunterricht Schlüsselqualifikationen vermitteln, die – wie MICHAEL HOTZ sagt – »in einer zunehmend vom Computer dominierten Arbeitswelt immer mehr an Bedeutung gewinnen«,[72] also beispielsweise Teamwork, Kooperation und soziales Lernen, problemlösendes Denken, selbstständiges und kreatives Arbeiten.

Inzwischen ist die Frage, ob der Lateinunterricht Medienkompetenzen vermitteln kann, obsolet – er muss es nämlich. Dass die Lernenden medienkompetent werden, ist angesichts der Fülle an Internetangeboten im Zeitalter expandierender Internetgiganten wie *Google, Facebook* und Co. wichtiger denn je, und wie die ICIL-Studien belegen, klaffen Anspruch und Wirklichkeit deutlich auseinander. Die Förderung von Medienkompetenzen ist keine fakultative Angelegenheit. Sie ist in den Rahmenlehrplänen und Fach-Curricula der einzelnen Bundesländer für alle Fächer explizit vorgeschrieben, um die von der KMK festgelegten Kompetenzbereiche und Teilkompetenzen einer »Bildung in der digitalen Welt« (2016) zu entwickeln.

Dass der Lateinunterricht sich hauptsächlich auf den Bereich der Mediennutzung stützt, reicht da indes nicht aus. In der Tat hat er das Potenzial, Medienkompetenz in allen von der KMK vorgegebenen Bereichen zu fördern – ein paar Beispiele:[73]

1. *Suchen, Verarbeiten und Aufbewahren:* Wie mit Bezug auf die Internetrecherche bereits beschrieben, kann der Lateinunterricht helfen, Suchstrategien weiterzuentwickeln, das Recherchieren zu üben, Quellen und Informationen zu analysieren und kritisch zu bewerten.
2. *Kommunizieren und Kooperieren:* Er kann digitale Kommunikationsmöglichkeiten einbeziehen, übt die ›Referenzierungspraxis‹ (Quellenangaben)

70 Vgl. dazu LISTER 2008, insbesondere RUDOLF WACHTER: *Latin and European language history*, in: LISTER 2008, 135–149; zusammengefasst von BECHTHOLD-HENGELHAUPT 2012, 100 ff.
71 Vgl. BECHTHOLD-HENGELHAUPT 2002, 44 ff.
72 HOTZ 2001, 65.
73 Vgl. zu den Kompetenzen KULTUSMINISTERKONFERENZ 2016, 16–19.

mit den Lernenden, kann digitale Werkzeuge für gemeinsames Arbeiten anbieten und dabei auf die Einhaltung der Umgangsregeln achten. Das ist etwa dann der Fall, wenn sie über kollaborative Texteditoren, Foren, Chats und dergleichen interagieren.

3. *Produzieren und Präsentieren:* Die Lernenden können im Lateinunterricht Lernprodukte verschiedenster Art (z. B. Filme, E-Books, Vertonungen) digital planen, gestalten und präsentieren, dafür Inhalte und Informationen zusammenführen und integrieren und dabei Urheber-, Nutzungs- und Persönlichkeitsrechte beachten.
4. *Schützen und sicher Agieren:* Hier geht es darum, im Lateinunterricht auch Risiken und Gefahren in digitalen Umgebungen zu thematisieren, zu reflektieren und geeignete Schutzmaßnahmen zu berücksichtigen, gerade mit Blick auf Daten-, Gesundheits-, Jugend- und Verbraucherschutz. Digitale Medien sollten daher im Lateinunterricht stets gesundheitsbewusst und sicher eingesetzt werden. Ebenso kann etwa im Bereich von *Digital Game-Based Learning* die Suchtproblematik thematisiert werden. Der Schutz personenbezogener Daten muss bei allen Verfahren gewährleistet sein und mit den Lernenden immer wieder besprochen werden, gerade bei der Erstellung eigener Produkte oder beim kollaborativen Arbeiten.
5. *Problemlösen und Handeln:* Die Lernenden können im Lateinunterricht digitale Werkzeuge im Lateinunterricht kennenlernen und anwenden und vor allem digitale Lernmöglichkeiten nutzen und bewerten. Dies betrifft sowohl die Arbeit mit Online-Tools (z. B. *Padlet, ZUMpad*) und Online-Lernangeboten (z. B. *LearningApps*) als auch sämtliche Apps und Software für digitalgestütztes, teils auch eigenverantwortliches Lateinlernen (z. B. *Quizlet, Navigium, Pons*).
6. *Analysieren und Reflektieren:* Der Lateinunterricht eignet sich in besonderer Weise dafür, am Beispiel der Antike-Vermittlung Medien und mediale Darstellungen in Text, Bild und Film zu analysieren und zu bewerten, etwa in Bezug auf Gestaltungsmittel, (interessengeleitete) Intentionen und Wirkungen. Denn dies ist in der Regel ohnehin Teil von vergleichenden, gegenwartsbezogenen oder rezeptionsgeschichtlichen Interpretationsverfahren. Denkbar sind auch solche Fragen: Wie wird die Antike im Computerspiel dargestellt? Entfalten Film-Stars eine ähnliche Wirkung auf die Menschen wie der antike Herkules, Odysseus oder Aeneas? Welche medialen Gestaltungsmittel können das Vokabellernen unterstützen? Indem der Lateinunterricht hierbei die Vielfalt der digitalen Medienlandschaft abbildet, hilft er, sie zu verstehen, den eigenen Mediengebrauch zu reflektieren und zu optimieren.

Insofern können wir sagen: Der Lateinunterricht kann die Lernenden bei der Entwicklung von Medienkompetenzen in allen Bereichen unterstützen, wie wir in den folgenden Kapiteln konkret sehen werden.

3.3. Das methodische Argument

›Digitale Medien sind auch im Lateinunterricht ideale Werkzeuge in Lehr-Lern-Prozessen mit neuen, unbegrenzten Möglichkeiten kreativer Entfaltung und Gestaltung.‹

Wie der Lateinunterricht durch digitale Medien und Tools methodisch weiterentwickelt werden kann, wird schnell deutlich, wenn wir die verschiedenen Einsatzmöglichkeiten auch nur überfliegen:

- *Wortschatzarbeit:* Mithilfe virtueller Vokabelkarteien können Lernende etwa ihren Wortschatz aufbauen, digitale Lexika helfen ihnen bei der Textarbeit und Formenbestimmung, Lernspiele, Apps und Vokabeltrainer ermöglichen interaktives, multimediales oder auch kompetitives Üben und Wiederholen, mit Pinnwand- oder Mindmap-Tools lassen sich lexikalische Felder visualisieren (vgl. Kap. 5.).
- *Grammatikarbeit:* Durch Lernvideos, idealerweise eingebettet ins Modell des *Inverted Classroom,* können die Lernenden sich die neue Grammatik erarbeiten, sie mit Online-Lernangeboten üben, mit Online-Grammatiken wiederholen und hier ebenfalls digitale Tools zur Visualisierung anwenden (vgl. Kap. 6.).
- *Texterschließung und Übersetzung: Word*-Anwendungen und *ZUMpad* ermöglichen eine grafische Texterschließung bzw. kollaboratives Übersetzen, begleitet von der Nutzung digitaler Wörterbücher oder der Erarbeitung digitaler Textkommentare. Eine direkte Präsentation von Schülerübersetzungen unterstützt das Übersetzungsgespräch, mithilfe digitaler Tools kann das Textverständnis geprüft werden (vgl. Kap. 7.).
- *Textvertiefung und Interpretation:* Das Internet bietet eine Fülle an Rezeptionsdokumenten (in Text, Bild, Film und Ton), die idealerweise in Form von *WebQuests* recherchiert und thematisiert werden können. Zahlreiche Tools schaffen neue Möglichkeiten der Visualisierung und laden zur produktiv-kreativen Weiterarbeit ein, etwa durch die Erstellung von E-Books, Comics, Fotoromanen, Hörspielen, Podcasts, Textvertonungen, Filmen usw. (vgl. Kap. 8.).
- *Sachkunde:* In Dokumentarfilmen, Animationen und Simulationen wird die Antike für die Lernenden erfahrbar, mithilfe diverser Tools können sie die

Ergebnisse von Internetrecherchen zur Geschichte und Kultur der römischen Antike als *Wiki*, *Blog*, Zeitleiste, Audioguide usw. aufbereiten (vgl. Kap. 9).

Davon abgesehen ersetzen oder erleichtern digitale Medien unterrichtliche Prozesse, etwa durch Materialaustausch, Kommunikation und Kooperation über die Lernplattform, durch die digitale Tafel mit neuen Visualisierungsmöglichkeiten oder durch das Tablet zur vereinfachten Unterrichtsdokumentation und Ergebnispräsentation – gerade für die Besprechung und Diskussion von Schülerübersetzungen ein großer Fortschritt.

Dass digitale Medien herkömmliche Möglichkeiten ersetzen, verbessern, umgestalten oder gänzlich neue Formen des Lernens schaffen (vgl. SAMR-Modell, Kap. 2.4.), geht mit veränderten und neuen Verfahrensweisen und Methoden einher, die mit den Lernenden einzuüben sind. Gerade interaktives, multimediales, kooperatives und kollaboratives, individualisiertes und differenziertes, kreatives und produktives Lernen und Arbeiten kann durch digitale Medien realisiert werden, wie es mit analogen Medien kaum möglich ist.

Noch ein Wort zur Motivation: In der fachdidaktischen Literatur ist im Zusammenhang mit digitalen Lehr-Lern-Arrangements oft von einer gesteigerten Lernmotivation der Lernenden zu lesen. Tatsächlich können (positive) Tätigkeitsanreize, bei denen die Aktivität bzw. die Tätigkeit selbst zu Spannung und ›Spaß‹ und gegebenenfalls zu einem ›Flow-Erleben‹ beim Lernen führt, eine Rolle spielen.[74] Die Absicht, vorrangig die Motivation der Lernenden zu erhöhen, kann indes kein schlüssiges Argument für den Medieneinsatz sein. Dürfte sie zu Beginn durchaus besonders hoch sein, kann sie bei regelmäßiger und verbindlicher Anwendung mit der Zeit abnehmen (›Neuheitseffekt‹).[75] Zudem dient der Einsatz digitaler Medien nicht dem ›Spaß‹ oder Selbstzweck, sondern orientiert sich an fachbezogenen und übergeordneten Lernzielen und Kompetenzen. Sie müssen als ›Lernwerkzeuge‹ verstanden werden, die einen Lernprozess unterstützen.[76]

Abschließend müssen wir uns bewusst machen, dass die genannten Argumente vom Idealfall ausgehen, dass digitale Medien funktional und bedarfsgerecht angepasst und genutzt werden, in ein entsprechendes Lehr-Lern-Arrangement eingebettet und an konkrete Lernziele angebunden sind. Inwiefern

74 Vgl. Rheinberg 2008, 153 ff., 214.

75 Nach Schaumburg (2020, 10) könnten Selbststeuerung und Wahlfreiheit der Lernenden bei der Arbeit mit digitalen Medien diesem Effekt entgegenwirken.

76 Vgl. dagegen Krommer 2020, 21. Dass digitale Medien auch »Zieldimensionen des Unterrichts signifikant zu erweitern« (ebd.) vermögen, ist m. E. kein Widerspruch; auch hier dienen sie ja, didaktisch begründet, dem Erreichen bestimmter, wenngleich neu gefasster Lernziele.

die Förderung fachspezifischer und digitaler Kompetenzen, eine moderne Antike-Vermittlung und ein durch neue Methoden unterstützter Lateinunterricht konkret gelingen können, werden wir in den kommenden Kapiteln sehen.

4. Überblick über die Einsatzmöglichkeiten digitaler Medien im Lateinunterricht

Im Folgenden fasst eine Übersicht sämtliche bisher entwickelte Möglichkeiten zusammen, digitale Medien im Lateinunterricht einzusetzen. Dazu werden entsprechende Lernziele formuliert und den jeweiligen ›Arbeitsfeldern‹ des Lateinunterrichts zugeordnet. Ob die digitalen Medien als Online-Tools, Apps oder Computersoftware vorliegen, ist dabei unerheblich. Entscheidend ist die Zielsetzung des Unterrichts. Damit wollen wir den fachlichen Kompetenzerwerb in den Blick nehmen.

Arbeitsfeld: Wortschatzarbeit	**Kap.**
Lernziel: Die Lernenden …	
• … visualisieren den lateinischen Wortschatz mithilfe von Online-Tools als semantische Felder, Wortnetze, Wortwolken usw.	5.1.
• … erarbeiten, üben und wiederholen mithilfe digitaler Vokabelkarteien und Vokabeltrainer den lateinischen Grund- und Aufbauwortschatz.	5.2.
• … üben, wiederholen und festigen ihre Wortschatzkenntnisse mithilfe digitaler Übungen.	5.3.a)
• … prüfen ihre Wortschatzkenntnisse mithilfe digitaler Quizze.	5.3.b)

Arbeitsfeld: Grammatikarbeit	**Kap.**
Lernziel: Die Lernenden …	
• … erarbeiten neue grammatische Phänomene mithilfe von Lernvideos im Rahmen des *Inverted Classroom.*	6.1.a)

• … erarbeiten neue grammatische Phänomene mithilfe eines filmischen Grammatiklehrgangs.	6.1.b)
• … wiederholen und festigen ihre Grammatikkenntnisse durch selbst produzierte Erklärvideos.	6.1.c)
• … schlagen grammatische Phänomene in lateinischen Internetgrammatiken nach.	6.2.
• … visualisieren grammatische Phänomene und Zusammenhänge mithilfe verschiedener Tools.	6.3.
• … üben interaktiv grammatische Phänomene mithilfe von Online-Lernangeboten, ›Formentrainern‹ oder von der Lehrkraft erstellten digitalen Übungen.	6.4.

Arbeitsfeld: Texterschließung und Übersetzung	**Kap.**
Lernziel: Die Lernenden …	
• … dekodieren den lateinischen Text mithilfe digitaler Übungen.	7.1.
• … dekodieren den lateinischen Text mithilfe computergestützter (grafischer) Textstrukturierung.	7.2.
• … dekodieren den lateinischen Text mithilfe eines (ggf. selbst erarbeiteten) digitalen Textkommentars.	7.3.
• … dekodieren den lateinischen Text mithilfe von Texterschließungs- oder Übersetzungssoftware.	7.4.
• … rekodieren den lateinischen Text gemeinsam mithilfe kollaborativer Texteditoren.	7.5.
• … bestimmen kontextbezogen Wortbedeutungen und Formen mithilfe digitaler Wörterbücher.	7.6.
• … präsentieren, diskutieren und optimieren ihre Übersetzung mithilfe von Textverarbeitungsprogrammen.	7.7.

• … setzen sich durch die Arbeit mit Übersetzungsautomaten mit Chancen und Grenzen digitaler Medien auseinander.	7.8.a)
• … vergleichen kriterienbezogen eigene Übersetzungen mit Internetübersetzungen oder bewerten und optimieren sie.	7.8.b)
• … wählen mithilfe digitaler Übungen geeignete Übersetzungsvorschläge aus bzw. erkennen Übersetzungsfehler.	7.8.c)
• … prüfen ihr Textverständnis mithilfe digitaler Übungen.	7.9.
• … erschließen, übersetzen und reflektieren moderne lateinische Inhalte im Internet (Text, Audio, Video).	7.10.a)
• … verfassen selbst lateinische Beiträge im Internet (z. B. für *Wikipedia*).	7.10.b)
• … kommunizieren über E-Mails, Foren oder in sozialen Netzwerken auf Latein.	7.10.c)

Arbeitsfeld: Textvertiefung und Interpretation	**Kap.**
Lernziel: Die Lernenden …	
• … üben und festigen sprachlich-stilistische Gestaltungsmittel mithilfe interaktiver Übungen.	8.1.
• … visualisieren Interpretationsergebnisse mithilfe digitaler Tools (z. B. Online-Pinnwände, Mindmaps).	8.2.
• … stellen einen lateinischen Text bildlich dar (z. B. als Bildersequenz, Comic, Fotoroman).	8.3.a)
• … setzen einen lateinischen Text filmisch um (z. B. als *Stop-Motion*-Film).	8.3.b)
• … vertonen einen lateinischen Text (z. B. als Lesevortrag, Hörspiel, Podcast).	8.3.c)
• … wenden schriftliche Verfahren zur Auseinandersetzung mit dem lateinischen Text an (z. B. eigene Textausgabe, E-Book, *Blog*).	8.3.d)

• … bearbeiten mithilfe von *WebQuests* eine Problemstellung des lateinischen Textes.	8.4.
• … vergleichen den lateinischen Text mit Rezeptionsdokumenten unter Anwendung digitaler, grafischer Verfahren.	8.5.
• … vergleichen einen lateinischen Text mit der Darstellung in Spielfilmen oder Serien, bewerten und reflektieren sie.	8.6.

Arbeitsfeld: Sachkunde	**Kap.**
Lernziel: Die Lernenden …	
• … kontextualisieren einen lateinischen Text mithilfe einer Internetrecherche.	9.1.
• … beschreiben die antike Welt mithilfe von *Virtual Reality, Augmented Reality,* Animationen und Simulationen und vergleichen sie mit der Gegenwart.	9.2.
• … kontextualisieren einen lateinischen Text bzw. prüfen geografische Angaben mithilfe digitaler Karten.	9.3.
• … arbeiten aus Dokumentarfilmen Informationen heraus, vergleichen sie mit den Textaussagen und beurteilen sie.	9.4.
• … erarbeiten, üben oder wiederholen Inhalte zur antiken Welt mithilfe multimedialer Online-Lernangebote.	9.5.
• … vergleichen die Darstellung der antiken Welt in kommerziellen Computerspielen mit dem lateinischen Text, untersuchen und bewerten sie.	9.6.
• … fassen die erarbeiteten Inhalte mithilfe digitaler Tools zusammen und entwickeln eine multimediale Präsentation (z. B. als Folien-Präsentation, Audioguide, Erklärfilm).	9.7.

5. Digitale Medien in der Wortschatzarbeit

5.1. Visualisierung von Wortschatz

a) Semantische Felder

Wortschatzarbeit ist essenzieller Bestandteil des Lateinunterrichts. Dazu gehört auch das *Erstellen von Wort- und Sachfeldern*. Doch wie kann man die von den Lernenden in Einzel- oder Partnerarbeit erstellten Felder auswerten? Wenn man die Ergebnisse an der Tafel sammelt (z. B. indem die Lernenden nacheinander ihre gefundenen Begriffe benennen und anschreiben), dauert das oft sehr lange und führt nicht unbedingt zu übersichtlichen Darstellungen.

Schneller, leichter und anschaulicher gelingt das Erstellen semantischer Felder mit Online-Tools und Apps zum Erstellen von Mindmaps, z. B. *MindNode*, *SimpleMind+* oder *Mindmeister*.[77] Vor oder nach der Lektüre untersuchen die Lernenden in Einzel-, Partner- oder Gruppenarbeit einen lateinischen Text auf Sachfelder, wobei durch die Lehrkraft auch ein Thema oder Oberbegriff vorgegeben werden kann. Die Lernenden suchen dann passende Begriffe heraus und setzen sie mithilfe des Mindmap-Tools und unter Anwendung visueller Techniken zueinander in Beziehung.[78] Im Anschluss präsentieren sie ihre digitalen Sach- oder Wortfelder der Lerngruppe, welche zudem Feedback geben, Ergänzungen vorschlagen oder Korrekturen vornehmen kann.

Doch auch wenn digitale Tools eine ansprechende Gestaltung ermöglichen, kann es dennoch sein, dass das Problem der Unübersichtlichkeit bestehen bleibt, und zwar dann, wenn die Felder durch eine Übermenge an Worten zu groß und umfangreich werden. Auch ein Ausdrucken wäre dann nicht mehr möglich. Daher sollte das Feld thematisch eng eingegrenzt sein. Weiterhin ist hier besonders auf korrekte Rechtschreibung zu achten, da manche Tools jeden Ein-

77 Vgl. Gressel 2016, 49.
78 Vgl. Gressel 2019, 50 f.; Doepner/Keip/Kurczyk 2020, 54 f.

trag grundsätzlich mit Großbuchstaben beginnen lassen oder sich bei den Lernenden leicht Tippfehler einschleichen.

Fraglich bleibt überdies, wie viele von den gesammelten Begriffen tatsächlich bei den Lernenden ›hängen‹ bleiben und ob eine digital vorgenommene Strukturierung die Wissenskonstruktion und Behaltensleistung effektiv unterstützt, weiß man doch von einer höheren Verankerung des Gelernten durch handschriftliches Notieren. Dennoch sind die Vorzüge assoziativen Lernens, die sich hier ergeben, nicht von der Hand zu weisen.

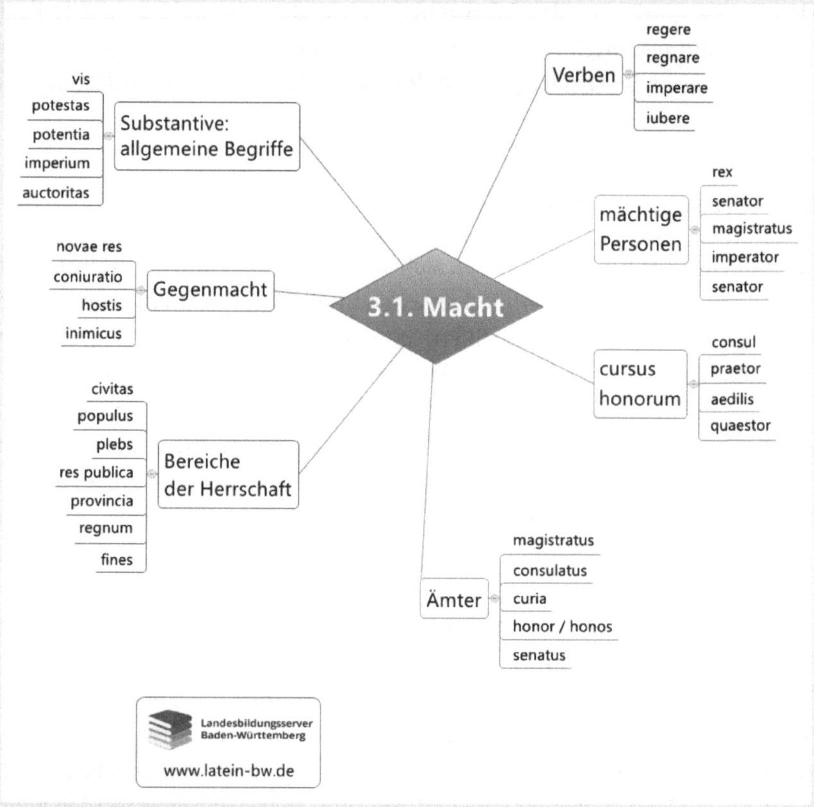

Abb. 1: Sachfeld zum Thema ›Macht‹ vom *Landesbildungsserver Baden-Württemberg*

Übrigens lassen sich auch vorgefertigte Sach- und Wortfelder aus dem Internet nutzen, will man darauf verzichten, dass die Lernenden sie selbst erarbeiten. Dies kann dann sinnvoll sein, wenn die Lernenden spezifische Felder zum Grundwortschatz wiederholen oder sie im Rahmen einer Medienkritik bewerten und ggf. mit eigenen Sachfeldern vergleichen sollen. Dazu finden sich besonders auf der Website des *Landesbildungsservers Baden-Württemberg* neben einer umfangreichen Auflistung des lateinischen Grundwortschatzes nach Sachbereichen (https://www.schule-bw.de/faecher-und-schularten/sprachen-und-literatur/latein/sprache/grundwortschatz) zahlreiche Schaubilder, die zur Unterstützung solcher Lernprozesse verwendet werden können (https://www.schule-bw.de/faecher-und-schularten/sprachen-und-literatur/latein/sprache/grundwortschatz/grundwortschatz-schaubilder).

Die zu erwerbenden Medienkompetenzen beziehen sich hier insgesamt auf den Umgang mit digitalen Werkzeugen sowie die Anwendung und Reflexion von Gestaltungsmitteln, also: *Digitale Umgebungen und Werkzeuge zum persönlichen Gebrauch anpassen* oder *Gestaltungsmittel von digitalen Medienangeboten kennen und bewerten.*[79]

b) Wortlisten und Wortnetze

In ähnlicher Art und Weise lassen sich auch mit sogenannten Pinnwand-Tools *Wortlisten* erstellen, indem die Lernenden kollaborativ zu einem Oberbegriff (oder ggf. mehreren Unterbegriffen) aus einem Text lateinische Begriffe herausarbeiten, sammeln und strukturieren und gegebenenfalls mit der (kontextbezogenen) deutschen Bedeutung versehen. Die Strukturierung kann dabei, ähnlich wie bei Sach- und Wortfeldern, nach grammatischen oder inhaltlichen Kategorien erfolgen. Ebenso können die Lernenden gemeinsam größer angelegte *Wortnetze* bilden, für die sie zu einem bestimmten Begriff Kategorien wie ›Sachfeld‹, ›Wortfeld‹, ›Ableitung‹, ›Synonym‹, ›Antonym‹, ›Fremd-/Lehnwort‹ usw. mit Beispielen füllen.

Eine bekannte Internet-Anwendung dafür ist *Padlet.* Es fungiert als eine Online-Pinnwand, auf der mehrere Menschen gemeinsam und zeitgleich Gedanken, Begriffe oder Inhalte (Bilder, Videos, Dokumente, Texte) zu einem gemeinsamen Thema sammeln und clustern können. Es empfiehlt sich die Formatvorlage ›Regal‹, da man hier mehrere Spalten zu bestimmten Oberbegriffen erstellen kann, es sei denn, die Posts sollen im Layout ›Leinwand‹ frei positioniert werden können. Über einen Link oder einen QR-Code, der entweder an der Tafel präsentiert oder als Bild auf ein Arbeitsblatt kopiert wird, gelangen die Lernenden zur Online-

79 Die hier und im Folgenden genannten digitalen Kompetenzen der KMK sind als Vorschläge zu verstehen. Je nach konkreter Schwerpunktsetzung und Umsetzung des digitalgestützten Lehr-Lern-Settings können auch andere Kompetenzen gefördert werden.

Pinnwand.[80] Abschließend kann das *Padlet* als Bild oder PDF gespeichert oder ausgedruckt werden. Folgendes Vorgehen scheint zur Wortschatzarbeit sinnvoll:

1. Die Lehrenden führen nach einem inhaltlichen oder sprachlichen *Einstieg* die Lernenden kurz in das Tool und die Methode ein.
2. In der *Erarbeitungsphase* erstellen die Lernenden eigenständig die Wortübersichten (idealerweise im Think-Pair-Share-Verfahren), sichten und kommentieren außerdem Einträge der anderen Gruppen. Die Lehrkraft beaufsichtigt die Schülerarbeit (in den Gruppen sowie am eigenen Computer) und kann ebenso Schülerergebnisse kommentieren.
3. Die gemeinsame Wortübersicht wird am Ende präsentiert, gemeinsam korrigiert und ausgewertet *(Sicherung)*, etwa in Bezug auf Inhalt, Auswahl oder Strukturierung.
4. Als *Vertiefung* kann eine Reflexion der Methode oder des Lernprozesses erfolgen.

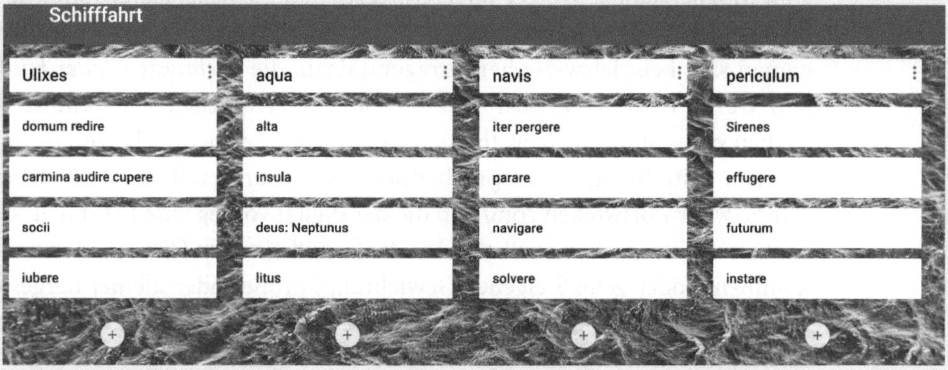

Abb. 2: Padlet zum Thema Schifffahrt (Odysseus) – sinnvoller wäre gewiss die Anlage eines ›Wortnetzes‹ als eines Sachfelds in Listenform

In der Regel können wir hierbei von einer großen Schülerbeteiligung ausgehen, kann doch jeder etwas finden und eintragen und so einen Beitrag zum Gesamt-

80 Man sollte aber in den Einstellungen darauf achten, dass das *Padlet* aus Datenschutzgründen nicht öffentlich, sondern »geheim« ist (d.h., man kann es nur über den vorgegebenen Link finden), die Beiträge auch von anderen Lernenden bearbeitet werden können (sonst sammeln sich unveränderliche, mehrere identische oder z.T. falsche Beiträge) und dass die Kommentarfunktion aktiviert wird, sodass die Lernenden ihre Beiträge kommentieren bzw. korrigieren können.

produkt leisten. Ebenso kommentieren oder korrigieren die Lernenden sich zum Teil selbst und stoßen so neue Lernprozesse an. Indem die Lernenden also kollaborativ Inhalte zusammentragen, können sie die Medienkompetenz entwickeln: *Digitale Werkzeuge für die Zusammenarbeit bei der Zusammenführung von Informationen, Daten und Ressourcen nutzen.*

Die Schwächen insbesondere des Tools *Padlet* liegen abgesehen von der nur begrenzt kostenfreien Nutzung darin, dass die Lehrkraft – sofern die Lernenden anonym arbeiten – nicht genau sehen kann, wer was einträgt, ob und wie viel jeder mitarbeitet oder auch ob und welche Lernende die Chat-Funktion zu unterrichtsfremden Zwecken missbrauchen. Hier ist es also an der Lehrkraft, die Pinnwand und die Beiträge im Blick zu haben – und zudem darauf zu achten, dass die Korrekturen oder Hinweise, die die Lernenden durch das Kommentieren vornehmen, eingearbeitet werden.

c) *Word Clouds* und weitere Möglichkeiten der Visualisierung

Den Möglichkeiten, Wörter oder Wortgruppen zu visualisieren, sind durch digitale Tools keine Grenzen gesetzt. Sogenannte *Word Clouds* (›Wortwolken‹) eignen sich beispielsweise hervorragend dazu, die *wichtigsten (oder häufigsten) Wörter eines Textes oder Textabschnitts zu veranschaulichen* und so den Aufbau eines autoren- bzw. themenspezifischen Lernwortschatzes zu unterstützen. Mithilfe einer entsprechenden Internetanwendung (zum Beispiel https://www.wortwolken.com/), in die der digital vorliegende Lehrbuch- oder Lektüretext eingegeben wird, werden die Begriffe je nach Häufigkeit ihres Vorkommens (oder gemäß eigener Gewichtung) größer oder kleiner dargestellt, und das meist in Wolkenform.[81] Sowohl Lernende als auch Lehrende können solche grafischen Darstellungen erstellen und anpassen:

- *Lernende* können im Anschluss an die Übersetzung die häufig vorkommenden oder zentralen Begriffe (›Kern-‹/›Leitbegriffe‹) eines Textes oder Textabschnittes in Partner- oder Gruppenarbeit zusammenfassen, indem sie diese Wörter in der Internetanwendung höher gewichten, die weniger relevanten oder seltenen Wörter dagegen verkleinern oder ganz löschen. Flektierte Formen müssen sie dabei auf die Grundform (»Lemma«) zurückführen (z. B. *Italiam* und *Italiae* auf *Italia*), damit nicht jede Form einzeln gezählt wird und die Proportionen stimmig bleiben.[82] Dies muss jedoch durch händische

81 Vgl. auch das Vorgehen bei Gressel 2019, 56 f.

82 Zur Sprachkompetenz, flektierte Formen auf die Grundform zurückzuführen, vgl. Kuhlmann/Horstmann 2018, 52 f.

Nachbearbeitung geschehen, weshalb der Textumfang nicht zu groß sein sollte. Im Anschluss werden die entstandenen Wortwolken vorgestellt und reflektiert, d. h. die Lernenden begründen die von ihnen vorgenommene Art der Gestaltung. Auf diese Weise können sie sich mit Wortbedeutungen textbezogen auseinandersetzen und ihre Visualisierungen zum Memorieren autoren- oder themenspezifischer Vokabeln nutzen.[83]

- Für *Lehrende* sind diese Wortwolken hilfreich, um etwa einen wiederholenden Unterrichtseinstieg anzuleiten. Auch sie nehmen eine (quantitative oder qualitative) Gewichtung der Begriffe des zuletzt gelesenen Textabschnitts vor. Auch hier müssen vorher allerdings flektierte Formen zusammengefasst werden. Dann präsentieren sie die fertige Wortwolke im Einstieg. Die Lernenden können nun einzelne Begriffe auswählen und sie anhand ihres Hintergrundwissens erläutern, um allen die Handlungen und Aussagen des Textes wieder in Erinnerung zu rufen.

In Bezug auf polyseme Wörter können Lernende mit *Word*-Anwendungen *Rondogramme erstellen*, die ihre Mehrdeutigkeit verdeutlichen und für Übersetzungsprobleme sensibilisieren. Dabei sollen die Lernenden die Wendungen und Bedeutungen beispielsweise von *petere* an den Rand des Kreises schreiben und in seiner Mitte die Grundbedeutung notieren, die die anderen Aspekte umfasst.[84]

Aber auch das Anlegen einer Bilderkartei, die Erstellung von Plakaten und weitere herkömmliche Möglichkeiten der Visualisierung von Wortschatz lassen sich mithilfe digitaler Tools umsetzen, wobei sie hier eher eine ›substituierende‹ Funktion einnehmen, Zeichnungen mit Stift und Papier also lediglich ersetzen.

Anhand der hier beschriebenen, digitalgestützten Möglichkeiten der Visualisierung erwerben die Lernenden die Kompetenz *Eine Vielzahl von digitalen Werkzeugen kennen und kreativ anwenden,* bei einer Auseinandersetzung mit vorgenommenen Visualisierungen zusätzlich *Gestaltungsmittel von digitalen Medienangeboten kennen und bewerten.*

83 Übrigens eignet sich das Verfahren auch im Rahmen einer Texterschließung oder Interpretation, indem die Lernenden ausgehend von der Häufigkeit mancher Wörter eine Erwartungshaltung aufbauen bzw. durch das bewusste Gewichten von Begriffen nach eigenen Kriterien eine Textdeutung vornehmen können.

84 Vgl. Gressel 2019, 52 f.

Abb. 3: Wortwolke zum Proöm von Vergils *Aeneis*, hier in Form einer Sprechblase

5.2. Digitale Vokabelkartei und ›Vokabeltrainer‹

Digitale Vokabelkarteien und -trainer gehörten wohl mit zu den ersten Computerprogrammen, die für den altsprachlichen Unterricht auf den Markt kamen, versuchten doch die Lehrbuchverlage schon früh, ihr Angebot durch unterstützende Computersoftware zu ergänzen. Vorgegebene oder auch selbst erstellte Vokabellektionen und Wortfelder ermöglichen *Abfrage, Wiederholung und Übung*, oft durch spielerische Elemente, Rankings, Zeitlimits, Sounds und dergleichen angereichert.[85] Meist sind ›Vokabel-‹ und ›Formentrainer‹ hierbei auch kombiniert (vgl. Kap. 6.4.b).

85 Vgl. Bäcker 2011, 198 f.; Niederau 2002, 30 ff.

Dass die in der Fachdidaktik formulierten Gütekriterien von Übungen gewährleistet sein müssen, steht außer Frage. Doch leisten die Vokabeltrainer das auch? Oder laufen ›Vokabel- und Formentrainer‹ fachdidaktischen Ansprüchen nicht sogar zuwider, etwa wenn sie nicht auf spezifische Lehrwerke zugeschnitten, sondern für den »Nachmittagsmarkt« bestimmt sind und einer pädagogischen Kontrolle entbehren?[86]

So wurden Anfang der 2000er Jahre mehrere Probleme festgestellt, etwa die Notwendigkeit einer exakten Worteingabe oder eine fehlende Einbindung der Vokabeln in einen Kontext, was einem Lernen in Zusammenhängen entgegensteht.[87] Aus diesen Gründen sollten ›Vokabeltrainer‹ idealerweise Folgendes leisten:[88]

- eine Berücksichtigung des *Karteikarten-Prinzips* in digitaler Form;
- eine *Erweiterbarkeit* des Wortschatzes nach eigenen Bedürfnissen oder mögliche Integration von Autoren- oder thematischem Wortschatz;
- eine *Differenzierung* zwischen häufigen und seltenen Vokabeln, Grund- und Aufbauwortschatz, leichten und schwierigen Vokabeln;
- *kontextuelles Lernen:* Mitlernen lexikalischer, grammatischer oder sachkundlicher Informationen, Darstellung von Phrasen und Beispielen, Hilfestellungen durch Sprachvergleiche (z. B. mit Englisch, Französisch, Italienisch, Spanisch, deutsche Fremdwörter);
- *multimodales, multimediales und interaktives Lernen:* visuelle, auditive, audiovisuelle Elemente (z. B. Bilder, Fotos, Karten, Mindmaps, 3D-Simulationen, Sprachausgabe und -eingabe, Videoclips);
- eine *Variation* der Übung bzw. Abfrage: zum Beispiel Bestimmungs-, Einsetz-, Ergänzungs-, Zuordnungsübungen und Quiz-Abfragen, Sprachenvergleiche, Elemente von ›Gamification‹, schriftliche und mündliche Formate und Einbezug von Kategorien (z. B. Wortfamilien, Synonyme, Antonyme);
- eine ansprechende Gestaltung der Software im *antiken Ambiente:* formal (z. B. lateinische Bezeichnungen der Funktionen) und inhaltlich (Einbezug der Kulturkompetenz);
- eine *Rechtschreibkorrektur, Tippfehler-Toleranz* und eine *Rückmeldung des Programms zu den Eingaben (Feedback).*

Die neueren ›Vokabeltrainer‹ treten weniger als Computersoftware, sondern vielmehr als Apps oder Internet-Anwendungen auf und können die genannten

86 Vgl. Schareika 2002a, 7; 11.
87 Vgl. Drücke 2002; Thies 2002b; Schareika 2002b; Niederau 2002, 29 ff.
88 Vgl. ebd., mit eigenen Ergänzungen.

Kriterien aufgrund des technischen Fortschritts deutlich besser erfüllen als die Programme der 2000er Jahre. *Navigium* etwa bietet eine flexible Gestaltung der Vokabellisten, sowohl mit als auch ohne Lehrwerkbezug, zahlreiche Übungsformate, deren erfolgreiches Bestehen mit einem Aufstieg auf einer »römischen Karriereleiter« verknüpft ist,[89] und stellt sogar Rückfragen, falls man Wörter nicht korrekt eingetippt hat – damit ist das »Problem der Eingabe« behoben. *Quizlet* hat sich vor allem dem Karteikarten-Prinzip verschrieben und bietet ebenso vielfältige Übungen an. Mit *Phase 6*, dem *Klett-* oder *PONS-Vokabeltrainer* sind weitere Apps auf dem Markt, die den Karteikarten-Kasten virtuell ersetzen, intelligentes Abfragen realisieren (z. B. durch Vorzug schwieriger oder nicht gekonnter Vokabeln), um spielerisches Lernen erweitern und teils auch den Lernfortschritt statistisch erfassen.[90] Alle Anforderungen erfüllt aber offensichtlich keines der derzeitigen Programme. Gerade im Bereich der Spracheingabe und -ausgabe wird das Potenzial längst nicht ausgeschöpft, ebenso im Einbezug von sachkundlichen Aspekten oder in einer Feedback-Funktion zu Lernstand und -prozess.

Bei Apps, die der Lehrkraft keine Kontrolle oder Rückmeldung über das häusliche Vokabellernen der Lernenden liefern, empfiehlt sich wohl weiterhin, die Eintragungen auf den digital angelegten Kärtchen gemeinsam zu vergleichen (z. B. hinsichtlich Merkhilfen, Eselsbrücken, notierten Fremdwörtern) oder ein Lerntagebuch führen zu lassen. Nichts spricht jedoch dagegen, auch im Unterricht Vokabelübungen mithilfe der ›Vokabeltrainer‹ bearbeiten zu lassen, sei es zur Wiederholung der neu gelernten Wörter oder zum spielerischen Abschluss einer Lehrbuchstunde.

Offen bleibt jedoch, ob und inwiefern dieses digitale Vokabellernen tatsächlich zu gleichwertigen oder sogar höheren Lerneffekten im Vergleich zum »analogen Lernen« mit echten Karteikärtchen führt. Das haptische Lernen, das sich auch darin ausdrückt, Kärtchen handschriftlich zu beschreiben, sie im Laufe des Sprachlehrgangs zu ergänzen (z. B. bei Stammformen) oder sie mit Bildern oder anderen Formen der Visualisierung zu versehen, geht jedenfalls verloren. So sehen dann auch die Lernkarten von *Quizlet* einigermaßen »steril« aus, zumal sich dazu durch schnelles Eingeben auch leicht Tippfehler einschleichen können.

Durch das eigenständige Anpassen der Vokabellernprogramme auf die eigenen Bedürfnisse erwerben Lernende die Kompetenz *Digitale Umgebungen und*

---

89 Hier liegt das Konzept der ›Gamification‹ zugrunde, indem spielerische Elemente zur Motivationssteigerung eingesetzt werden, vgl. hierzu Beyer 2020, 28 f.

90 Zu den einzelnen Vokabellern-Apps vgl. Gressel 2016, 49–52.

Werkzeuge zum persönlichen Gebrauch anpassen, durch das regelmäßige Üben
Effektive digitale Lernmöglichkeiten finden, bewerten und nutzen.

5.3. Digitale Wortschatzübungen

a) Interaktive Vokabelübungen und -spiele

Dass zur Wortschatzarbeit nicht nur die Anwendung von Visualisierungs- und Memorierungstechniken von Vokabeln zählt, sondern auch *Übungen zum Lernen und Wiederholen,* ist selbstverständlich. Als Tools kommen dafür sowohl entsprechende Lernspiel-Apps wie *Bitsboard*[91], *Hot Potatoes*[92], *Quizlet*[93] als auch Internetanwendungen wie *LearningApps* oder *H5P* infrage. Für digitale Übungen in der Wortschatzarbeit eignen sich die Formate ›Zuordnungen‹, ›Texteingabe‹ und ›Auswahl‹.

Im Folgenden werden wir aber vor allem die *LearningApps* betrachten, da sie kostenlos zugänglich, einfach zu erstellen und von den Lernenden direkt, d.h. ohne Anmeldung, anzuwenden sind. Vor allem weisen sie eine Vielzahl an Übungsformen auf, die die anderen Tools in ähnlicher Form enthalten, sodass sich die Nutzungsweise übertragen lässt. Dazu erstellen Lehrkräfte auf der Plattform https://learningapps.org/ mithilfe entsprechender Vorlagen, die sie dann mit Fragen und Antworten ›füllen‹, kleine, interaktive, multimediale Lernbausteine (›Apps‹), die sie dann im Unterricht einsetzen können.[94] Ebenso können bereits publizierte Lernbausteine für eigene Zwecke bearbeitet und angepasst werden, sodass eine Übung nicht völlig neu kreiert werden muss. Denkbar ist zum Beispiel der Austausch von Vokabeln, die die Lernenden noch nicht kennengelernt haben, durch das aktuelle Lektionsvokabular. Viele bereits erstellte Übungen orientieren sich den Überschriften zufolge aber auch an konkreten Lektionen ausgewiesener Lehrwerke. Hier könnte die Übung sogar komplett übernommen werden, wenn die Lehrkraft sie für geeignet hält.

---

91 Gressel 2016, 49.

92 Reindl 2016.

93 Gressel 2016, 49, ders. 2019, 64 f. sowie Doepner/Keip/Kurczyk 2020, 32 f.

94 *LearningApps.org* entstand nach eigenen Angaben im Rahmen eines Forschungsprojektes der Pädagogischen Hochschule Bern in Kooperation mit der Universität Mainz und der Hochschule Zittau/Görlitz und wird durch den *Verein LearningApps – interaktive Lernbausteine* betrieben und weiterentwickelt, vgl. http://learningapps.org/impressum.php; http://learningapps.org/LearningApps.pdf (Zugriff: 20.08.2021).

Versuchen wir einmal die Übungsformen im Bereich der Wortschatzarbeit zu konkretisieren, die bei *LearningApps* infrage kommen. Da wären zunächst die Zuordnungsübungen:

- »Paare zuordnen«: Die Lernenden ordnen durch Antippen einer lateinischen Vokabel die passende deutsche Bedeutung zu.
- »Gruppenzuordnung«: Die Lernenden ordnen die auftauchenden lateinischen Begriffe durch Antippen einer Kategorie zu (z. B. Wortarten oder Sachfelder). Maximal vier Kategorien stehen zur Auswahl.
- »Zuordnung auf Bild«: Die Lernenden klicken die auf einem Bild gesetzten Markierungen an, um dann aus einer Wörterliste den zur Markierung passenden lateinischen Begriff auszuwählen.
- »Zuordnungsgitter«: Die Lernenden ziehen Kärtchen mit den lateinischen Wörtern auf die nach Kategorien gitterartig angeordneten deutschen Bedeutungen.

Übungsformen, bei denen die Lernenden selbst Wörter (oder Sätze) eingeben müssen, sind etwa:

- »Freie Textantwort«: Die Lernenden geben zu einer vorgegebenen lateinischen Vokabel die passende deutsche Bedeutung ein.
- »Lückentext«: Die Lernenden geben zu einem lateinischen Text (oder auch deutsch-lateinische ›Mischprosa‹) den passenden lateinischen oder deutschen Begriff ein – oder sie wählen ihn alternativ aus einer Liste aus.
- »Tabelle ausfüllen«: Die Lernenden vervollständigen durch Eintippen eine lateinische Wörterliste mit entsprechenden Stammformen und Wortbedeutungen.
- »Kreuzworträtsel«: Zu Bildern oder lateinischen Vokabeln geben die Lernenden die passende deutsche Bedeutung ein.

Als Auswahlübungen können die folgenden bezeichnet werden:

- »Wortgitter« oder »Zuordnungstabelle«: Die Lernenden tippen auf die in einem Buchstabengitter versteckten lateinischen Begriffe.
- »Paare-Spiel« (›Memory‹): Die Lernenden finden unter mehreren verdeckten Kärtchen die passenden Paare, bestehend aus lateinischer Vokabel und deutscher Wortbedeutung.
- »Gruppen-Puzzle«: Die Lernenden wählen zur ausgewählten Gruppe (z. B. Wortarten) die passenden lateinischen Vokabeln aus, sodass ein sich im Hintergrund befindendes Bild sichtbar wird.
- »Wörterraten« (die freundlichere Version von ›Hangman‹): Zu einer deutschen Bedeutung wird das passende lateinische Wort durch Auswahl der ent-

haltenen Buchstaben gefunden. Bei falschen Buchstaben gehen von einem Gänseblümchen Blüten ab, bis es verwelkt ist. Dann ist das Spiel verloren.

Gerade der spielerische Charakter vieler Übungsformen, etwa beim »Wörterraten«, »Kreuzworträtsel«, »Memory« oder »Gruppen-Puzzle«, kann eine motivationssteigernde Wirkung bei den Lernenden entfalten: So müssen sie das Gänseblümchen am Leben erhalten, über das passende Wort rätseln, ihr Erinnerungsvermögen anstrengen oder das unter den Kärtchen verborgene Bild aufdecken. Zudem können diese Übungen in besonderem Maße visuelles Lernen ermöglichen, sei es, indem Dinge auf einem Bild mit lateinischen Entsprechungen versehen werden, sei es, dass Bilder als ›Abfrageform‹ auftauchen und einem lateinischen Wort zugeordnet werden sollen. Übrigens können nicht nur Text und Bilder, sondern auch Audio- oder Video-Sequenzen einbezogen werden. So ist es auch möglich, über das Format »Audio/Video mit Einblendungen« die Vokabeln akustisch zu präsentieren oder einen Kurzfilm abzuspielen und dabei Aufgaben gemäß den o. g. Formaten einzublenden.

Neben multimedialen Elementen bieten *LearningApps* auch einen Mehrwert durch den interaktiven Charakter: Nach den Übungen erhalten die Lernenden direkt eine Rückmeldung, auch wenn sie sich nur auf die Kategorie Richtig/Falsch bezieht und keine individuellen Defizite und Potenziale erkennt und kommuniziert. Zur Binnendifferenzierung gibt es zudem den Hinweis-Button, der Hilfen und Tipps zur Aufgabe liefern kann.

Ausbaufähig sind *LearningApps* hinsichtlich des Wettkampfcharakters und einer möglichen Evaluation des Lernprozesses. Hier sind andere Tools schon weiter: So lässt sich das auf Lernkarten basierende Tool *Quizlet* auch auf Zeit oder in Form eines Teamwettkampfs spielen,[95] *Hot Potatoes* können der Lehrkraft etwa durch Einbettung in die Lernplattform *Moodle* den Übungserfolg einzelner Lernender oder auch der ganzen Lerngruppe zurückmelden.[96] Auch mit der *H5P*-Technologie lassen sich offenbar Lerndaten wie Zeitbedarf, erreichte Punktzahl oder Fehlerart erheben, die Lehrkräfte als detaillierte Rückmeldung zu Lernstand und -fortschritt nutzen könnten.[97]

Problematisch sind dagegen Übungsformen mit Texteingabe: Welche Wortbedeutung sollen die Lernenden denn eingeben, wenn mehrere möglich sind? Hier müsste darauf geachtet werden, dass eine spezielle, kontextbezogene

95 Vgl. Gressel 2019, 64 f.; gleichwohl enthält auch *LearningApps* kompetitive Elemente bei Quizzen, wenn Lernende gegeneinander antreten (s. u.).

96 Vgl. Reindl 2016, 18.

97 Vgl. Beyer/Schulze 2021, 7, mit Bezug auf ihr Potenzial für die Spracherwerbsforschung.

Bedeutung eingegeben wird (›Monosemierung‹), etwa anhand von Mini-Sätzen. Oder diese Übungsform wird nur zur Eingabe von Stammformen genutzt, die dann ausgeschrieben werden müssen. Schließlich bleibt noch die Möglichkeit, die Fragerichtung zu ändern, also zu deutschen Bedeutungen die passende lateinische Vokabel zu notieren. Dies sollte insbesondere beim »Kreuzworträtsel« und »Wörterraten« der Fall sein, da es dort nicht möglich ist, zu einer lateinischen Vokabel zwei oder mehr deutsche Bedeutungen zu finden.

Noch dazu besteht das Problem mit Tippfehlern: Viele Tools wie *LearningApps* sind noch nicht in der Lage, Tipp- und Rechtschreibfehler zu erkennen und darauf hinzuweisen. In der Folge wird ein prinzipiell korrekter, doch falsch geschriebener Begriff als generell falsch gewertet.

Doch nicht nur das Übungsformat der Texteingabe, auch die anderen Formen sind nicht unbedingt geeignet, mehrere Bedeutungen abzufragen, was gerade bei polysemen Wörtern unerlässlich ist. Hier liegt dann der Vorteil von Quizzen (s. u.).

Was heißt das nun für den Unterricht? Digitale Wortschatzübungen können wegen der Problematik bei der Texteingabe und der Abfrage mehrerer Wortbedeutungen herkömmliche, handschriftlich zu lösende Übungen im Buch oder auf einem Arbeitsblatt nicht ersetzen, sondern nur ergänzen. Es liegt also an der Lehrkraft, analoge und digitale Formen angemessen zu kombinieren. Gerade wenn sie Übungen aus dem Lehrbuch als ungeeignet bewertet und eigene erstellen würde, bietet sich die Nutzung von *LearningApps* (oder anderer Tools) an. Im Unterricht kann wie folgt vorgegangen werden:

1. Zunächst weist die Lehrkraft die Lernenden in das Tool und seine Funktionen ein und ermöglicht ihnen einen Zugang zu den von ihr erstellten Online-Übungen: über einen geteilten *Link,* über die schuleigene *Lernplattform,* in die die Übungen eingebettet sind, oder über die bei *LearningApps* automatisch generierten *QR-Codes.* Dieser Code kann etwa in ein Arbeitsblatt eingefügt oder separat zu den Übungen im Buch an die Tafel projiziert werden, sodass tatsächlich analoge und digitale Übungen sinnvoll verknüpft werden können.
2. Ebenso ist es sinnvoll, den Lernenden eine *Checkliste* oder einen *Selbstevaluationsbogen* an die Hand zu geben, auf dem sie bewerten können, wie gut ihnen die einzelnen Übungen gelungen sind, sowie ihren eigenen Kompetenzstand feststellen können. Daher sollten die einzelnen Übungen spezifischen Teilkompetenzen entsprechen.
3. Die Lernenden arbeiten in Einzel- oder Partnerarbeit an den Übungen, während die Lehrkraft sie in dieser *Arbeitsphase* unterstützt und ihnen bei technischen oder inhaltlichen Fragen weiterhilft. Im Rahmen binnendiffe-

renzierenden Lernens können leistungsstärkere, schnellere Lernende am Ende auch selbst Übungen erstellen und präsentieren und den anderen zur Verfügung stellen.[98]

4. Abschließend *reflektieren* die Lernenden – idealerweise auf Basis ihrer Checkliste bzw. ihres Selbstevaluationsbogens – über ihren Lernfortschritt und eigene Defizite und formulieren für sich weitere Lernziele im Bereich des Vokabellernens. Wichtig für die Lerneffektivität ist auch ein Austausch der Lernenden untereinander über die angewandten Lösungsstrategien.[99]

Was den Arbeitsaufwand für die Lehrkraft betrifft, so hält sich dieser im Gegensatz zu *Quizlet* bei *LearningApps* im Rahmen: Das Ausfüllen der Lernbaustein-Vorlagen ist denkbar einfach, und die Übungen müssen durch kleine Veränderungen bestehender ›Apps‹ auch nie völlig neu konzipiert werden. Einmal erstellte Lernbausteine können gespeichert und wiederum veröffentlicht werden, sodass die ganze Fachgruppe (oder auch Lehrkräfte anderer Schulen) auf Vokabelübungen zu bestimmten Lektionen eines Lehrwerks zugreifen können. Meist reichen wenige Übungen als Ergänzung zu den bestehenden im Lehrbuch schon aus, um eine sinnvolle Kombination zu erreichen. Letztlich muss noch einmal betont werden, dass *LearningApps* im Gegensatz zu den meisten anderen Lernspiel-Tools kostenlos nutzbar ist – und ganz ohne lästige Werbung.

Neben der Anpassung bestehender und der Erstellung neuer Übungen besteht übrigens noch eine dritte Möglichkeit, digitale Übungen in den Unterricht zu integrieren: Der *Landesbildungsserver Baden-Württemberg* (https://www.schule-bw.de/faecher-und-schularten/sprachen-und-literatur/latein/sprache/grundwortschatz/interaktive-uebungen-vokabeln) bietet zahlreiche, mit dem Programm *H5P* erstellte, interaktive und multimediale Online-Übungen zum lateinischen Grundwortschatz an, der nach Sachfeldern sortiert ist. Gerade zur Wortschatz-Wiederholung während der Lektürephase scheint ihr Einsatz ideal, auch hier möglichst begleitet von einer Evaluation und Reflexion.

Digitale Tools für Vokabelübungen und -spiele können herkömmliche Übungen im Buch oder auf einem Arbeitsblatt erweitern. Durch multimediales, interaktives, spielerisches Üben des lateinischen Wortschatzes in Kombination werden verschiedene ›Lernkanäle‹ angesprochen und ›Umwälzungsmöglichkeiten‹

98 Vgl. zur Erstellung von *LearningApps* durch die Lernenden selbst Gressel 2019, 44 f. Hierbei sind freilich klare Vorgaben und eine genaue Kontrolle der Lehrkraft erforderlich. Die Gewährleistung didaktischer Ansprüche und der Zeitaufwand sprechen im Unterrichtsalltag aber eher dagegen, zudem müssen Schüleraccounts angelegt werden.

99 Vgl. Schaumburg 2020, 12.

geschaffen, womit hier der Mehrwert digitaler Tools deutlich wird. Es geht aber nicht darum, herkömmliche Übungen zu ersetzen, sondern die Vorzüge von analogen und digitalen Übungen zu vereinen. Gerade bei Übungen mit Freitext-Antworten zeigen digitale Angebote Schwächen – die übrigens auch mit den Lernenden im Rahmen einer Medienkritik diskutiert werden sollten –, sodass auf textbasierte Übungen auf einem Arbeitsblatt (z. B. mit Übersetzungen, Erklärungen, Begründungen) auch weiterhin nicht verzichtet werden kann.

Durch die Nutzung dieser Übungsangebote erwerben die Lernenden die Medienkompetenzen *Effektive digitale Lernmöglichkeiten finden, bewerten und nutzen*, im Falle von den von Lernenden selbst erstellten Übungen *Digitale Umgebungen und Werkzeuge zum persönlichen Gebrauch anpassen.*

b) Quizze als Abfragemöglichkeit

Wie schon angedeutet, eignen sich vor allem *Quizze* besonders zur *Abfrage mehrerer Wortbedeutungen*, was gerade bei polysemen Wörtern unerlässlich ist. Dies kann dadurch erfolgen, dass die Lernenden von mehreren vorgeschlagenen Wortbedeutungen diejenige auswählen müssen, die *nicht* passt, oder dass sie, etwa beim *LearningApps*-Übungsformat »Multiple-Choice-Quiz« mehrere richtige auswählen, beispielsweise mehrere treffende Bedeutungen von *contendere.* Doch Schritt für Schritt! Zunächst können wir bei den Quizzen gemäß Spielerzahl drei Arten unterscheiden:

1. Quizze, die man alleine spielt;
2. Quizze, die man in Kleingruppen spielt;
3. Quizze, die man mit der ganzen Lerngruppe spielt.

Zur ersten Kategorie gehören bei *LearningApps* etwa das »Auswahl-Quiz« oder das »Millionenspiel« im Stil von »Wer wird Millionär?«: Die Lernenden wählen zu einer lateinischen Vokabel die passende deutsche Bedeutung aus, um die Million (in unserem Fall sollten es natürlich Sesterze sein) zu erhalten.

Zur ersten oder zweiten Kategorie (je nach Spielmodus) gehört das »Pferderennen«: Die Lernenden wählen zu einer vorgegebenen lateinischen Vokabel unter mehreren möglichen Antworten die richtige aus, um ihr Pferd nach vorne galoppieren zu lassen. Ähnlich sieht es beim »Mehrspieler-Quiz« aus, welches dem bekannten Spiel ›Risiko‹ entspricht. Hierbei wählen die Lernenden aus einer grammatischen oder inhaltlichen Kategorie eine Schwierigkeits- bzw. Punktzahlstufe und müssen dann zu einer lateinischen Vokabel die passende Wortbedeutung anklicken. Bei richtiger Antwort erhalten sie die entsprechende Punktzahl.

Zur dritten Kategorie gehört klassischerweise – denn dafür wurde es bekannt – die App und Online-Anwendung *Kahoot!*.[100] Hier spielt die ganze Klasse mit. Die Fragen und jeweils vier Antwortmöglichkeiten werden eingeblendet, die Lernenden tippen auf ihrem Tablet oder Smartphone, das über einen Zahlencode online mit dem Spiel verbunden ist, auf eines der vier farbigen Symbole, die den Antwortmöglichkeiten entsprechen. Nach jeder Frage erfahren sie über die App, ob ihre Antwort richtig war. Zudem wird gemäß der erreichten Punktzahl der Lernenden eine Rangfolge eingeblendet, die am Ende zur Siegerehrung der drei besten führt.

Können die Quizze der ersten beiden Kategorien in das Unterrichtssetting digitaler Vokabelübungen als Gruppenaktivität integriert werden, ist dies bei Quizzen der dritten Kategorie wie *Kahoot!* nicht möglich. Da die ganze Lerngruppe gleichzeitig daran teilnimmt, eignet sich diese Form vor allem zur Gestaltung einer lockeren, spielerischen Schlussphase einer (Wortschatzarbeits-) Stunde. Im Zentrum steht bei allen Varianten der Kompetenzerwerb *Effektive digitale Lernmöglichkeiten finden, bewerten und nutzen.*

Übrigens müssen nicht nur deutsche Bedeutungen von lateinischen Wörtern abgefragt werden: Auch Stammformen, Komposita, Wortfamilien, Wortarten, Synonyme, Antonyme, Sach- oder Wortfelder und Sprachvergleiche stellen eine sinnvolle Grundlage für Quizfragen dar, zumal in höheren Jahrgängen.[101] Ebenso kann bei Bedarf die Abfragerichtung umgekehrt werden, indem zu deutschen Bedeutungen lateinische Wörter gesucht werden. Wichtig wäre eine Variation der Fragen auch innerhalb eines Durchgangs, damit die Lernenden stets neu nachdenken müssen und Spannung und Aufmerksamkeit erhalten bleiben.[102] Abgesehen davon muss die Lehrkraft bei der Eingabe der *Nicknames,* die die Lernenden für sich wählen, auf angemessene Begriffe achten. Vielleicht bieten sich hier auch Wörter des kulturellen, sozialen und politischen Lebens aus dem alten Rom an.

Auch wenn *Kahoot!* der Lerngruppe meist zu großer Freude (und Lautstärke) gereicht, sollte es nicht permanent eingesetzt werden: Eine Leistungsmessung nach der sogenannten sozialen Bezugsnorm ist grundsätzlich problematisch. Andererseits haben, gerade wenn überschaubare Einheiten von Vokabeln abgefragt werden, diejenigen Lernenden, die fleißig gelernt haben, gute Chancen auf die oberen Plätze und damit auf positive Erlebnisse – also auch solche Lernende, die vielleicht sonst nicht so leistungsstark sind.

---

100 Doepner/Keip/Kurczyk 2020, 30f., Arenz 2018.
101 Vgl. Reindl 2016, 16f.
102 Vgl. Doepner/Keip/Kurczyk 2020, 31.

Was die anderen Quizze von *LearningApps* betrifft, so ist wie auch bei den Vokabelübungen die Texteingabe problematisch, sodass möglichst Quizze mit Auswahlfunktion genutzt werden sollten. Dagegen kann auch hier das Belohnungssystem die Lernmotivation steigern: Mal erhalten die Lernenden ein lachendes Emoji, sie erhalten die Million oder ihr Pferd galoppiert über die Ziellinie – durch eine solche ›Gamification‹, also den Einbezug spielerischer Elemente, kann Üben tatsächlich auch Spaß machen. Dies wird durch einen weiteren Faktor unterstützt: Die Lernenden üben kompetitiv, das heißt im Wettbewerb, sodass Vokabellernen für die Lernenden auch deswegen sinnvoll erscheint, um andere im Spiel zu besiegen (auch wenn das didaktisch fragwürdig ist). Doch auch dadurch ist die Lernmotivation hier meist besonders hoch.

Auch wenn es analoge Pendants wie ›Vokabelbingo‹ oder ›Vokabelfußball‹ gibt, bieten die genannten digitalen Quizze Potenzial für den Lateinunterricht: Abgesehen von Interaktivität, Multimedialität und dem ›Action‹-Charakter wird mit einem Quiz, an dem eine ganze Lerngruppe teilnimmt, eine neue Möglichkeit der Vokabelabfrage (und -kontrolle) geschaffen. Besonders hervorzuheben ist zudem die Möglichkeit, mithilfe des »Muliple-Choice-Quiz« polyseme Wörter abzufragen – ein echter Fortschritt, den digitale Medien im Lateinunterricht mit sich bringen.

Wie bei den *LearningApps* hält sich der Aufwand bei der Erstellung von Quizzen mit *Kahoot!* in Grenzen. Wie so oft gilt auch hier: Weniger ist mehr! Vielleicht bietet es sich auch an, innerhalb der Fachgruppe gemeinsam Quizze zu einzelnen Lektionen zu sammeln und sich so doppelte Arbeit zu sparen.

6. Digitale Medien in der Grammatikarbeit

6.1. Lern- und Erklärvideos im Grammatikunterricht

a) *Inverted Classroom* mit Lernvideos

Spätestens mit dem Distanzlernen während der Corona-Pandemie stellte sich die Frage, wie neue Inhalte eingeführt werden können. Nicht selten wurde dafür auf Lernvideos zurückgegriffen, mit deren Hilfe sich die Lernenden *neue Grammatikphänomene zu Hause eigenständig erarbeiten* sollten.[103] Diese Idee ist tatsächlich nicht neu und findet methodisch ihren Niederschlag im sogenannten *Inverted Classroom Model* (ICM), was aus der Hochschullehre stammt und dort schon länger angewandt wird.[104] Mit diesem ›umgekehrten Unterricht‹ (daher oft auch *Flipped Classroom* genannt) ist gemeint, dass schulische und häusliche Lernphasen vertauscht werden: Die Erarbeitung der neuen Themen – im Lateinunterricht besonders Grammatikphänomene – findet nun vor allem mithilfe von Lernvideos zu Hause statt, während das Üben und Anwenden des Gelernten gemeinsam und unter Hilfestellung der Lehrkraft in der Unterrichtsstunde erfolgen.

Sollen dafür Lernvideos zum Einsatz kommen, müssen sie technischen, didaktisch-methodischen und ästhetischen Qualitätskriterien entsprechen, die Ulf Jesper detailliert aufgelistet hat[105] und die auch in der mediendidaktischen Literatur beschrieben werden. Beispielsweise muss ein leichter, datenschutzkonformer und werbefreier Zugriff möglich sein, es muss inhaltlich korrekt

103 Insbesondere bei selbst produzierten Lernvideos konnte eine starke Zunahme in der Verwendung verzeichnet werden, vgl. Sauer 2020, 9f.

104 So wurde das ICM etwa durch die Professoren Jürgen Handke (Philipps-Universität Marburg), Jörn Loviscach (Fachhochschule Bielefeld) und Christian Spannagel (Pädagogische Hochschule Heidelberg) zur Gestaltung von Vorlesungen umgesetzt.

105 https://www.latein-unterrichten.de/fileadmin/content/fachdidaktik/medien/image/Qualitaetskriterien.pdf (Zugriff: 08.08.2021).

und didaktisch sinnvoll aufbereitet, verständlich und zudem kognitiv aktivierend sein, die Lernenden motivieren und ästhetischen Ansprüchen genügen.[106] Gerade der Einsatz interaktiver Elemente, die Videoperspektive aus Sicht des Erklärenden, eine kurze Videodauer und ein ansprechendes Design wirken sich nach aktuellem Forschungsstand positiv auf den Lernerfolg aus.[107]

Grundsätzlich kommen drei Möglichkeiten infrage, wie eine Lehrkraft solche Videos den Lernenden zur Verfügung stellen kann, die wir aufsteigend nach Aufwand sortieren wollen:

a) Die Lehrkraft greift auf bereits produzierte, qualitativ hochwertige und unterrichtlich geeignete Lernvideos zurück, z. B. auf die kostenlosen, von Experten erstellten Lernvideos von www.latein-unterrichten.de/ oder die Erklärvideos auf https://tollerunterricht.com/erklaervideos/latein/. Daneben gibt es freilich auch kostenpflichtige Angebote, z. B. von *Sofatutor* oder *Learnattack* (Duden-Verlag), von denen aber manche auch kostenfrei auf *YouTube* verfügbar sind – problematisch ist hier die teils zwischengeschaltete Werbung.
b) Die Lehrkraft greift auf bereits produzierte, nicht vollständig geeignete Lernvideos zurück und passt sie durch eine Auswahl bestimmter Passagen oder das Einfügen von Aufgaben den unterrichtlichen Bedürfnissen an, sofern es mit dem Urheberrecht vereinbar ist. Hier sei vor allem an Videos von *YouTube* oder *Vimeo* gedacht, die für den Unterricht genutzt werden können.
c) Die Lehrkraft produziert eigene Lernvideos, etwa als *Screencast* (d. h. als Aufnahme der Aktivitäten am Computer- oder Tabletbildschirm der Lehrkraft mithilfe bestimmter Software) zur Entwicklung eines digitalen Tafelbildes, als ›Legetechnik-Erklärvideo‹, in Form von Aufzeichnungen von Tafel-/Whiteboardanschrieben oder auch von Live-Vorträgen.[108]

Variante c) hat den Vorteil, dass die Videos inhaltlich klar auf den Unterricht zugeschnitten sind (Adressatenbezug), dass sie den Lernenden bekannte didaktisch-methodische Vorgehensweisen enthalten und etwas persönlicher gehalten sind, da ja auch die bekannte Stimme der Lehrkraft zu hören ist. Allerdings ist es ziemlich aufwendig – zeitlich wie technisch –, solche Videos zu erstellen, und an die genannten Qualitätskriterien kommt man in einer ›Alltagsproduktion‹ kaum heran. Gerade die Soundqualität und die visuelle Umsetzung lassen oft zu wünschen übrig, wenn die entsprechende Hard- und Software sowie die zeitlichen Ressourcen fehlen. Nicht zuletzt sind Video-Dateien oft relativ groß,

106 Vgl. hierzu auch Weidmann 2016, 21.
107 Vgl. Findeisen/Horn/Seifried 2019, 29 f.
108 Vgl. Schön/Ebner 2013, 13–18.

sodass man sie nicht einfach verschicken oder ohne Weiteres auf der eigenen Lernplattform hochladen kann, ohne sie vorher komprimiert und in ein übliches Format konvertiert zu haben.

Unter einer gewissen Vernachlässigung des bei Eigenproduktionen deutlich besseren Adressatenbezugs sei daher eher geraten, gemäß Variante a) professionell produzierte Lernvideos zu nutzen. Und nein, gute Lernvideos müssen nichts kosten: Ulf Jesper bietet auf seiner Website www.latein-unterrichten.de eine Menge qualitativ hochwertiger Lernvideos, die nicht nur technisch hervorragend umgesetzt wurden, sondern auch einem didaktischen Modell folgen und durch gezielte, dazwischengeschaltete Arbeitsaufträge die Lernenden aktivieren und motivieren.[109]

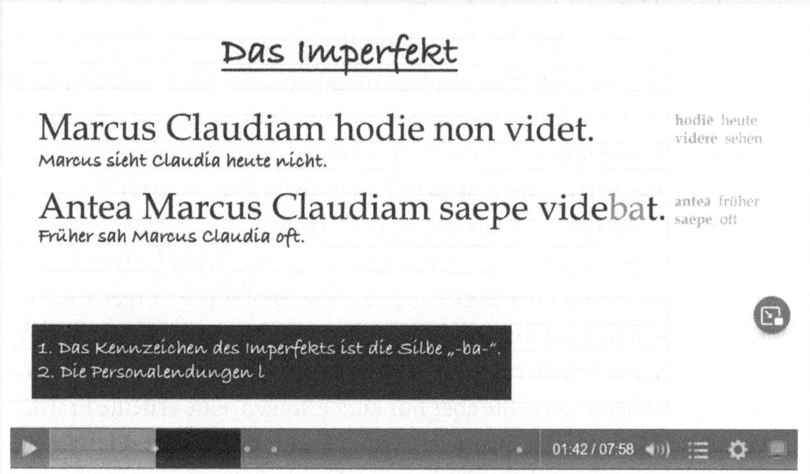

Abb. 4: Lernvideo zum Imperfekt von Konstantin Eggert und Ulf Jesper

Sollten sich da keine geeigneten Lernvideos finden, spricht mit Variante b) auch nichts dagegen, auf andere im Internet verfügbare Lernvideos zurückzugreifen und diese zu adaptieren. Der Aufwand hält sich in Grenzen: Mithilfe von *LearningApps* fügt man in der entsprechenden Video-Vorlage einfach den *YouTube*-Link ein, schneidet das Video online direkt zu, setzt Markierungen und lässt an bestimmten Stellen Fragen erscheinen, die die Lernenden beantworten sollen.

109 Zur Konzeption dieser Videos vgl. Jesper 2020, 77.

Aber kommen wir nun zur Umsetzung im Unterricht:[110]

1. In der *Selbstlernphase,* d.h. im Rahmen der Hausaufgabe, erarbeiten sich die Lernenden ein neues Thema. Dies kann vorrangig durch Lernvideos erfolgen, aber auch mithilfe weiterer Medien und Materialien (z.B. weiterführende Links, Text-, Bild- oder Audiodateien).[111] Zusätzlich bearbeiten die Lernenden begleitende Aufgaben, die ihnen Orientierung im Lernprozess bieten und eine Selbstkontrolle ermöglichen. Diese Aufgaben können dann ins Video eingebettet oder über Arbeitsblätter den Lernenden an die Hand gegeben werden. Wichtig wäre, dass die Lernenden – als Ersatz für einen ›Tafelanschrieb‹ – zur Verschriftlichung der neuen Erkenntnisse angeleitet werden, etwa durch das Ergänzen von Lückentexten, das Abschreiben von Merksätzen oder das Ausfüllen von Tabellen oder Übersichten. Sinnvoll sind auch kurze vor-, zwischen- oder nachgeschaltete Online-Selbsttests, mit deren Hilfe die Lernenden ihren Kompetenzstand prüfen und im Rahmen einer Binnendifferenzierung nach Leistungsniveau passgenaue (vorentlastende oder weiterführende) Aufgaben und Materialien auswählen können – dies hat Dirk Weidmann beispielhaft umgesetzt.[112] Schließlich sollen die Lernenden offene Fragen notieren, die sich auch mit den von der Lehrkraft zur Verfügung gestellten Hilfen nicht klären lassen.
2. Im darauf folgenden Unterricht in der Schule – der *Präsenzphase* – wird dann das Gelernte geübt und vertieft. So können, um die Unterrichtsphasen zu konkretisieren, in der Einstiegsphase die Ergebnisse vorgestellt, kontrolliert, verglichen oder auch diskutiert werden, begleitet von einer Klärung von Fragen und Schwierigkeiten oder einer Methodenreflexion. Die Wiederholung des Gelernten sollte aber nur kurz erfolgen, eine erneute Erarbeitung würde der Methode des *Inverted Classroom* widersprechen und ist unbedingt zu vermeiden. Zentral ist nämlich die Anwendungsphase: Die Lernenden bearbeiten nun vertiefende Übungen zu den neuen Inhalten, beispielsweise auch Übersetzungsaufgaben, während die Lehrkraft sie bei Schwierigkeiten unterstützt. Hier sollte neben der Binnendifferenzierung und interaktiven Gestaltung der Übungen besonders auf Sozialformenwechsel geachtet werden. Nachdem in der Sicherungsphase die Ergebnisse besprochen und Fragen oder Probleme geklärt wurden, kann eine Vertiefungsphase wie folgt gestaltet werden: Reflexion des Lernprozesses, weiterführende Arbeit (z.B. Transfer) oder Prüfung des Gelernten (z.B. Test/Lernkontrolle).

---

110 Vgl. auch das Vorgehen bei Gressel 2019, 70f. und Weidmann 2016.

111 Vgl. Weidmann 2016, 20; zur Begründung des Einsatzes von Lernvideos vgl. ebd., 21.

112 Weidmann 2016, 21f.

Die Vorzüge dieser Methode sind vielfältig, betreffen aber vor allem Aspekte von Individualisierung, Selbststeuerung und Binnendifferenzierung: Die Lernenden können zeit- und ortsunabhängig im eigenen Tempo arbeiten, beim Anschauen des Lernvideos also Pausen einlegen, zurückspulen oder – je nach Leistungsstand – Unterstützungs- oder Vertiefungsmaterial der Lehrkraft hinzuziehen. Dabei übernehmen sie Verantwortung für ihren Lernprozess. Sie können das Video bei Verständnisproblemen beliebig oft wiederholen und auch zur Vorbereitung auf Klassenarbeiten nutzen. Im Unterricht kann mehr ›echte Lernzeit‹ zum Anwenden und Üben verwendet werden, die Unterrichtszeit wird also effizienter genutzt, und der Grammatikunterricht kann schnell ein hohes Niveau erreichen. Die Lehrkraft kann die Lernenden gezielt betreuen, d. h. viel besser auf individuelle Fragen und Schwierigkeiten eingehen.[113] Die Lernenden erwerben beim ICM die Medienkompetenzen *Effektive digitale Lernmöglichkeiten finden, bewerten und nutzen* sowie durch die beschriebene eigene Steuerung ihres Lernprozesses *Digitale Umgebungen und Werkzeuge zum persönlichen Gebrauch anpassen.*

So gut dies alles klingt, birgt das Verfahren aber auch gewisse Risiken. Zunächst besteht die Gefahr, dass das Lernen nach einem deduktiv-instruktiven Ansatz stattfindet. Dies hängt ungemein von der Qualität des Lernvideos ab. Ist es ein reines ›Erklär‹-Video, ist der Unterschied zu einem reinen Lehrervortrag marginal. Auch deswegen ist es sinnvoll, das Video nicht als alleiniges Lernmedium zur Verfügung zu stellen, sondern mit anderen Medien und Materialien zu kombinieren und die Lernenden Begleitaufgaben lösen zu lassen. Dadurch kann vermieden werden, dass es sich lediglich um die ›Auslagerung‹ eines Lehrervortrags handelt. Gleichzeitig ist es umständlich, dass Fragen, die den Lernenden beim Anschauen der Videos aufkommen, nicht direkt mit der Lehrkraft geklärt werden können, sondern notiert werden müssen, um sie dann später in der Schule zu stellen. Damit das funktioniert, ist mit den Lernenden eine entsprechende Frage- und Feedbackkultur einzuüben. Ergänzende Hilfen oder (binnendifferenziertes) Unterstützungsmaterial ist zudem unerlässlich. Über mögliche Probleme der ›Passung‹ bei der Nutzung vorgefertigter Lernvideos haben wir ja schon gesprochen. In Ermangelung geeigneter Lernvideos kann es daher passieren, dass auf das Medium Film gänzlich verzichtet und mit dem Lehrbuch und anderen Materialien gearbeitet werden muss. Dies ist zwar auch möglich, doch gehen hier die Vorzüge multimedialen Lernens verloren.

113 Vgl. hierzu auch die Erfahrungen von Weidmann 2016 und Jesper 2020, 77.

Abschließend noch eine zu klärende Frage: Kann man nicht einfach auch im Unterricht direkt die Lernvideos schauen? Natürlich kann man das![114] Doch sei der didaktische und (medien-)pädagogische Mehrwert hierbei infrage gestellt. Viele Vorzüge, die das ICM mit sich bringt, entfallen, wenn die ganze Lerngruppe simultan, in Einzelarbeit und am besten noch frontal das Video sieht, während die Lehrkraft ›passiv‹ danebensteht. Einzig als Unterrichtseinstieg zur Wiederholung eines Grammatikthemas, das im Anschluss intensiv geübt werden soll, mag das sinnvoll sein – zur Erarbeitung neuer Grammatikphänomene wohl nicht. Denn eine Individualisierung und Selbststeuerung des eigenen Lernprozesses, die gerade eine Neu-Erarbeitung fordert, bleiben hier ja weitgehend aus.

Kurz gesagt: Das ICM ist eine weitere Form der Grammatikeinführung, die mehrere Vorzüge aufweist: allen voran eine verstärkte Individualisierung, Selbststeuerung und Differenzierung des Lernprozesses und überdies durch die multimediale und multimodale häusliche Wissensaneignung sogar Fördermöglichkeiten im Rahmen von Inklusion.[115] Der fachdidaktische Vorteil liegt besonders darin, dass Grammatikphänomene von den Lernenden besser verstanden und intensiv geübt werden können. Nicht zuletzt dadurch, dass das ICM den Unterricht ›auf den Kopf‹ stellt, kann es für Abwechslung bei der oft etwas trockenen Grammatikarbeit sorgen. Es kann als zentrale Methode gelten, *Blended Learning* im Lateinunterricht zu realisieren.

b) Sonderfall: Der Sprachlehrfilm ›Armilla‹

Den Spielfilm grundsätzlich in den Sprachunterricht zu integrieren, hat der C. C. Buchner-Verlag mit dem lateinischen *Sprachlehrfilm ›Armilla‹* versucht, unterstützt von einer Lern- und Übungssoftware.[116] Der Film soll den Grammatikstoff des ersten Lernjahres umfassen, der in den Szenen wie in den Lesestücken eines Lehrbuchs sukzessive präsentiert wird. Die Handlung beschreibt der Verlag wie folgt: »Jugendliche aus fünf europäischen Staaten stoßen im modernen Rom auf einen Jungen, der nur Latein mit ihnen spricht. Zusammen geraten sie in eine spannende Kriminalgeschichte.«[117] Mit einem magischen Armreif *(armilla)*

114 Vgl. Gressel 2019, 46 f.; wertvolle didaktische Hinweise zum Einsatz von Lernvideos bietet übrigens Ulf Jesper auf https://www.latein-unterrichten.de/fach-didaktik/medien/lernvideos/.

115 Zu Möglichkeiten der Inklusion durch das ICM vgl. Weidmann 2016, 20 f.

116 Vgl. Pfaffel 2005, Pfaffel/Lobe 2016, 90.

117 http://www.ccbuchner.de/reihe-1-1/armilla-65/ (Zugriff: 21.08.2021).

ist ihnen nämlich eine Zeitreise zurück in die Antike gelungen. Laut Verlag ist der Film einsetzbar zur *Einführung neuen Stoffs, zur Übung und Wiederholung.*

Inwieweit ein Sprachlehrfilm ein ganzes Lehrbuch zu ersetzen vermag, sei dahingestellt. In jedem Fall bietet eine solche Art der Grammatikeinführung Abwechslung und die seltene Möglichkeit, Latein als gesprochene Sprache wahrzunehmen, mitzuhören und (anhand von Untertiteln) mitzulesen sowie die lateinische mit den von den anderen Kindern im Film gesprochenen europäischen Sprachen zu vergleichen. Wichtig wäre die Einbettung in einen sinnvollen Kontext mit angemessenen Fragestellungen sowie eine Reflexion des im Film vermittelten Bildes der Antike. Die hier relevanten Medienkompetenzen lauten dann etwa *Effektive digitale Lernmöglichkeiten finden, bewerten und nutzen* sowie *Vielfalt der digitalen Medienlandschaft kennen.*

Die zentrale Frage zu ›Armilla‹ wäre, inwieweit der Film heute überhaupt noch einsetzbar ist und ob er fachdidaktischen Ansprüchen angemessen Rechnung trägt, ist er doch inzwischen mehr als 15 Jahre alt. Denkbar wäre, einzelne, gut aufbereitete Grammatikkapitel bzw. Szenen quasi in Form einzelner Lernvideos der Lerngruppe zur Verfügung zu stellen, wobei die Filmhandlung entsprechend durch Extramaterialien zu kontextualisieren wäre. Die dazugehörige Computersoftware ist inzwischen sicherlich ebenso grafisch und technisch veraltet. Hier deutet sich die Inflexibilität ganzer filmischer Grammatiklehrgänge an – die Vorzüge einzelner Lernvideos, die in sich ›geschlossen‹ sind und punktuell eingesetzt werden können, scheinen zu überwiegen.

c) ›Erklärvideos‹ von Lernenden

Insbesondere zur *Wiederholung wichtiger Grammatikthemen* können die Lernenden auch selbst Videos produzieren und der Lerngruppe vorstellen, auch wenn dies mit einigem Aufwand verbunden ist. Pädagogisch verorten lässt sich das in der Methode des ›Lernens durch Lehren‹, bei der die Lernenden sich gegenseitig Unterrichtsinhalte vermitteln und dadurch den eigenen Lernprozess anstoßen und einen Kompetenzzuwachs erfahren.

Dass die Lernenden aufwendig gestaltete und didaktisch durchdachte Lernvideos mit interaktiven Aufgaben erstellen, wird aber wohl weniger der Fall sein. Vielmehr dürfte das Erklären im Vordergrund stehen, sodass wir hier besser von ›*Erklärvideos*‹ sprechen wollen. Dafür können die Lernenden etwa eine Präsentation am Tablet erstellen und mit einer *Screencast*-Software aufzeichnen, ein ›Legetechnik-Erklärvideo‹ mit ausgeschnittenen und in die Kamera geschobenen Abbildungen und Texten entwickeln oder – ganz simpel – sich selbst bei einem

Tafel- oder Whiteboard-Anschrieb filmen.[118] Alternativ können die Lernenden eine Erklärvideo-Software (z. B. *MySimpleShow*) verwenden.

Der Unterricht sollte dann so ablaufen, dass die Lernenden zunächst Aufbau, Gestaltung und Gütekriterien von Lernvideos kennenlernen und sich dazu Beispiele ansehen. In nach Themen aufgeteilten Kleingruppen tragen sie die notwendigen Informationen zusammen, verteilen Aufgaben unter sich, legen die Art des Erklärvideos fest (z. B. *Screencast* einer Präsentation am Tablet), erarbeiten sich ein Konzept und nehmen das Video (ggf. mit einer separaten Audiospur) auf, das sie zum Schluss den anderen Lernenden oder auch anderen Lerngruppen zur Verfügung stellen.[119] Die Lehrkraft muss hier besonders auf die fachliche Korrektheit achten und gibt didaktisch-methodische Tipps. Hier können mehrere Medienkompetenzen zum Tragen kommen, etwa *Mehrere technische Bearbeitungswerkzeuge kennen und anwenden* und *Eine Produktion planen und in verschiedenen Formaten gestalten, präsentieren, veröffentlichen oder teilen,* außerdem *Persönlichkeitsrechte beachten.*

Trotz des erheblichen Aufwands kann man von einer hohen Motivation der Lernenden ausgehen. Vorteilhaft ist ebenso, dass die Videos in anderen Lerngruppen und Jahrgängen wiederverwendet werden können, etwa als binnendifferenzierte Hilfestellung oder als wiederholender Unterrichtseinstieg.

Gleichzeitig ist aber darauf zu achten, dass die Lernenden wirklich an den Videos arbeiten und nicht bloß wertvolle Unterrichtszeit vertrödeln. Dazu ist eine sinnvolle Gruppenaufteilung, die Formulierung präziser und im Umfang vergleichbarer Themen sowie eine klare Aufgabenverteilung unter den Lernenden innerhalb einer Gruppe unerlässlich. Grundsätzlich sollten die Lernenden die Videos so einfach wie möglich halten: Der Schwerpunkt muss auf dem Inhaltlichen, also einer gelungenen, klar verständlichen und sachlich korrekten Erklärung liegen. Schließlich ist ein besonderes Augenmerk auf die datenschutz- und schulrechtlichen Bestimmungen zu legen, da ja Ton und Bild von Lernenden digital festgehalten werden.

Nicht zuletzt kann die Produktion von Erklärvideos auch zur Binnendifferenzierung im Rahmen des *Inverted Classroom* (vgl. Kap. 6.1.a) eingesetzt werden, indem leistungsstärkere Lernende für die anderen Erklärvideos zur Wiederholung erstellen oder ein Thema vertiefen.

118 Zu den Filmarten sowie ihren Vor- und Nachteilen vgl. Schön/Ebner 2013, 13 f.
119 Vgl. Gressel 2019, 48 f.

6.2. Lateinische Internetgrammatiken

Nicht unerwähnt bleiben darf die Tatsache, dass es auch einige Websites gibt, die die lateinische Grammatik darstellen (›Internetgrammatiken‹). In der Regel ähneln sie herkömmlichen Kurzgrammatiken, wobei jedes Grammatikkapitel in einzelne Internetseiten und Unterseiten strukturiert ist. Bekannt sind z. B.:

- *Gottwein:* https://www.gottwein.de/LaGr/Lat.Gramm.php
- *Michael Bradtke:* https://www.mbradtke.de/index0.htm
- *Latein-online:* http://www.latein-online.net/index.php?section=start
- *Taratalla:* http://taratalla.de/grammatik/index.php
- *Wachstafelngrammatik:* http://wachstafelngrammatik.de/

Als Ersatz für eine herkömmliche Systemgrammatik für Lernende in Buchform können diese Internetgrammatiken aber kaum herhalten. Verschiedene Probleme treten auf:[120]

- Internetgrammatiken können – zumal als private Websites – Fehler enthalten; sie werden oft nicht fortgeführt und aktualisiert;
- sie sind zu umfangreich und komplex (z. B. werden Latinumsanforderungen bei der Morphologie häufig weit überschritten);
- sie sind meist sehr ›tabellenlastig‹ und oft wenig lernökonomisch (z. B. fehlendes ›Baukastenprinzip‹ bei Deklinationen und Konjugationen, fehlende Übersetzungsorientierung), wenig anschaulich und im Design altbacken;
- und sie gehen in Struktur, Begrifflichkeit und Systematik sehr wissenschaftlich vor (z. B. mit für Lernende unbekannten oder veralteten grammatischen Begriffen oder einer umfassenden Kategorisierung).[121]

Insgesamt sind Internetgrammatiken also zu wenig übersetzungs- und schülerorientiert, als dass die Lernenden ohne Weiteres mit ihnen arbeiten könnten. Als Adressaten kommen hier höchstens Oberstufenschüler vor dem Abitur infrage, und selbst die müssten den Gebrauch dieser Internetgrammatiken erst lernen und üben.[122]

Lediglich die *Lateinische Wachstafelngrammatik* sticht heraus, da ihr Ansatz sich von den anderen Internetgrammatiken unterscheidet: Sie geht von der Syntax aus und visualisiert durch bunte Wachstäfelchen Satzglieder, ihre ›Füllungen‹

---

120 Basierend auf Doepner/Keip 2016, 6 unter eigenen Ergänzungen.

121 Doepner/Keip (2016, 6) stellen hierzu fest: »Man muss schon recht gut Latein können, um hier den Überblick zu behalten, denn ohne ausgeprägte metasprachliche Kompetenz findet man sich nicht zurecht.«

122 Doepner/Keip 2016, 6.

und mögliche Abhängigkeitsverhältnisse. Sie geht schon eher schülerorientiert vor, bietet sogar interaktive Übungen zur Selbstkontrolle an und ist stets aktuell – wenngleich immer noch zu umfangreich und in der Begrifflichkeit zu fachlich.[123]

Der unterrichtliche Einsatz von Internetgrammatiken mag auf eine *Nachschlagefunktion* beschränkt bleiben. Denkbar ist, auf Arbeitsblättern einen QR-Code bzw. auf digitalen Materialien einen Link zu entsprechenden Internetgrammatik-Kapiteln zu setzen. So könnten die Lernenden, wenn im Text beispielsweise Formen des Konjunktivs Präsens vorkommen, zur Hilfestellung direkt zu einer Formen-Übersicht gelangen. Es liegt aber an der Lehrkraft, geeignete Internetgrammatik-Kapitel auszusuchen.

Abgesehen davon könnten diese Seiten freilich auch Gegenstand von Quellenkritik sein, indem die Lernenden solche Internetangebote bewerten und ihre Nutzung im Vergleich zu Systemgrammatiken in Buchform reflektieren. Dies trägt der Medienkompetenz *Gestaltungsmittel von digitalen Medienangeboten kennen und bewerten* oder auch *Chancen und Risiken des Mediengebrauchs in unterschiedlichen Lebensbereichen erkennen, eigenen Mediengebrauch reflektieren und ggf. modifizieren* Rechnung, indem sie vielleicht doch eher zum gedruckten Buch greifen, das sich in Inhalt und Form explizit an Lernende richtet.

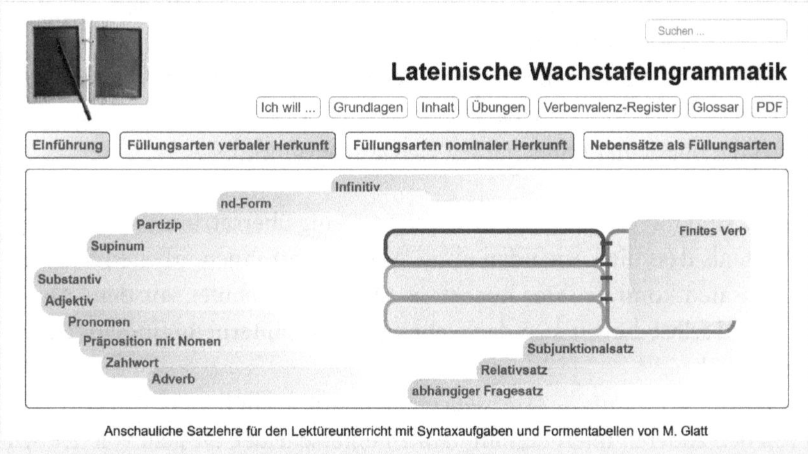

Abb. 5: Lateinische ›Wachstafelngrammatik‹ – Startseite

123 Kritisch wird die Wachstafelngrammatik von Doepner/Keip (2016, 6) bewertet; gleichwohl mag dieser innovative Ansatz Gegenstand weiterer Forschung sein und zu einer lehrbuchunabhängigen, schülerorientierten und praxistauglichen Online-Begleitgrammatik führen.

6.3. Visualisierung grammatischer Phänomene

Auch wenn manche Internetseiten Visualisierungen grammatischer Phänomene anbieten (z. B. *Grammaticus*[124], *Wachstafelngrammatik*), dürften sie eher als Anregung dienen – erst durch die eigene Erstellung von Übersichten oder Lernplakaten beweisen die Lernenden, dass sie das Phänomen verstanden haben und selbst erklären können. Die Anwendung grafischer Techniken hilft dabei beim Memorieren, nicht zuletzt weil die Lernenden Form und Inhalt in Beziehung setzen und zentrale Regeln auf den Punkt bringen müssen.

Dazu können verschiedene Tools genutzt werden: Textverarbeitungsprogramme (z. B. *Word, Pages*), multimediale Notizblöcke (z. B. *Notability*), Folien-Präsentationstools (z. B. *Keynote, PowerPoint*), Mindmapping-Tools (z. B. *MindNode*) oder Gestaltungsapps für multimediale Poster (z. B. *Glogster*), je nachdem, ob die Lernenden eine tabellarische Übersicht (z. B. zu den Deklinationen), eine Strukturskizze (z. B. zu Kasusfunktionen), ein digitales Plakat mit Text-, Bild- und Audioelementen (z. B. zu satzwertigen Konstruktionen) oder andere multimediale Formate nutzen wollen oder sollen. Unkompliziert ist besonders die Notizapp *Notability* einsetzbar: Hier können handschriftliche und digitale Texte, Bilder und Audiokommentare direkt kombiniert werden. Die hier geförderten digitalen Kompetenzen lauten daher *Mehrere technische Bearbeitungswerkzeuge kennen und anwenden, Eine Produktion planen und in verschiedenen Formaten gestalten, präsentieren, veröffentlichen oder teilen* sowie *Gestaltungsmittel von digitalen Medienangeboten kennen und bewerten.*

Anwendung finden Visualisierungen grammatischer Phänomene durch die Lernenden beispielsweise zur *Wiederholung und Sammlung bereits gelernter Grammatikregeln.* Hier bietet sich ein arbeitsteiliges Vorgehen mit anschließender Präsentation der einzelnen Gruppen an, wobei die Lehrkraft die Korrektheit der Schülerergebnisse sicherstellen muss.[125] Zudem sollten die Lernenden genau wissen, was eine gute Visualisierung ausmacht (Gestaltungsprinzipien). Lehrende sind es gewohnt, einen komplexen Sachverhalt als prägnantes, anschauliches und leicht verständliches Tafelbild auszudrücken. Dies in die Hand der Lernenden zu geben, erfordert dann auch Klarheit über zu verwendende Symbole, Begriffe, Formen und Farben. Wichtig ist, dass die formalen Aspekte den Inhalt treffend und reduziert wiedergeben. Außerdem sollten lateinische Beispiele und vor allem Hinweise für die Übersetzung nicht fehlen (›Über-

124 Vgl. etwa die Mindmaps auf https://www.grammaticus.de/Mindmaps1.html oder https://www.grammaticus.de/Mindmaps2.html (Zugriff: 12.08.2021).

125 Vgl. das Vorgehen am Beispiel von *Glogster* bei Gressel 2019, 58 f.

setzungsorientierung‹). Die Lernenden können ihrer Kreativität freien Lauf lassen, denn es geht ja gerade um die Frage, wie ein Grammatikphänomen am besten ›hängenbleibt‹. Witzige Elemente, eigene Skizzen und selbst erfundene Merksprüche sind also sehr willkommen.

Pädagogisch wertvoll ist dieses Vorgehen, da es der Methode ›Lernen durch Lehren‹ entspricht und die Lernenden somit zu Experten eines Grammatikthemas werden.

6.4. Interaktive Grammatikübungen

a) Online-Lernangebote

Grundsätzlich müssen auch digitale Übungen den didaktisch-methodischen Gütekriterien genügen, wie sie etwa von Peter Kuhlmann und Henning Horstmann beschrieben werden:[126] Gemäß der *Übersetzungsorientierung* sollten Grammatikübungen die Übersetzungskompetenz der Lernenden bzw. die Rekodierung unterstützen, weshalb anstelle von Einzelformen von kleinen Kontexten auszugehen ist. Dann ist das zu üben, was den Lernenden Schwierigkeiten bereitet *(Defizitorientierung)*. Weiterhin kommt es darauf an, dass eine Übung in der Bearbeitung nicht zu lange dauert und dennoch eine ausreichende Umwälzung ermöglicht *(Zeitökonomie)*, dass sich unterschiedliche Übungsformate abwechseln *(Variabilität)*, dass den Lernenden Vorgehen und Zweck einer Übung deutlich werden *(Transparenz)* und dass jede Übung eine konkrete Einzelkompetenz trainiert *(Fokus)*. Allgemein könnte man noch das Kriterium des *Adressatenbezugs* ergänzen, nach dem Übungen an den Vorkenntnissen, Fähigkeiten und ggf. Interessen der Lernenden ansetzen sollten.

Diese Gütekriterien sind nicht nur bei der Erstellung eigener digitaler Übungen zugrunde zu legen (vgl. Kap. 6.4.c). Insbesondere bei der Nutzung von Online-Übungen, die im Internet zu finden sind, ist genau zu prüfen, ob sie in ihrer Konzeption didaktischen Ansprüchen genügen (etwa mit Blick auf Übersetzungsorientierung, Zeitökonomie und Fokus) und ob sie zur jeweiligen Lerngruppe passen (z. B. hinsichtlich der Kriterien Defizitorientierung, Transparenz und Adressatenbezug). So sollten, um bei der Übersetzungsorientierung zu bleiben, gerade bei Nominalformen an den Lehrbuchtext angelehnte kleine Kontexte gegeben sein, damit die fürs Übersetzen notwendige Semantisierung

126 Vgl. hier und im Folgenden Kuhlmann/Horstmann 2018, 14.

von Formen geübt werden kann. Isolierte Formenbestimmungen (›Formendrill‹) sind da wenig hilfreich.[127]

Die Möglichkeiten, mithilfe digitaler Tools *lateinische Grammatikphänomene zu üben*, sind vielfältig. Zunächst wären da die zahlreichen Online-Lernangebote, die von verschiedenen Websites zur Verfügung gestellt werden. Ein paar Beispiele:

- *Lernen mit Spaß* (https://www.lernenmitspass.ch/lernhilfe/interaktiv/latein/konjugation/latverb_auswahl.php): Abfrage von Stammformen von Verben, Abfrage von Einzelformen, Eingabe von Paradigmata;
- *Michael Bradtke* (http://www.mbradtke.de/index0.htm): Formen-Zuordnungsübungen, Formenbildungsübungen oder Quizze zum Lehrwerk »Cursus Continuus«;
- *Schlaukopf* (https://www.schlaukopf.de/gymnasium/klasse8/latein/lernjahr1/): Verschiedene Übungen (z.B. Zuordnungen, Bildungen, Auswahl) zu Deklinationen, Konjugationen oder syntaktischen Phänomenen;
- *Cursus Honorum* (https://cursushonorum.lateinlehrer.net/index.php): Lernspiel zu Nomina und Verben mit Antwort-Auswahl oder freier Textantwort (Bestimmen, Bilden oder Übersetzen von Einzelformen);
- *e-Latein* (http://www.latein.at/elatein-neu/index.php): Einzelformen-Abfrage u.a. mit Antwort-Auswahl und freier Textantwort;
- *Landesbildungsserver Baden-Württemberg* (https://www.schule-bw.de/faecher-und-schularten/sprachen-und-literatur/latein/sprache/interaktive-uebungen): Vielfältige interaktive Übungen zu Nebensätzen, zum AcI, Deklinationen, Konjugationen, u.a. mit Auswahl-Antwort oder Zuordnungen, sortiert nach Lernjahr und Teilkompetenzen; teils in Kontexte eingebettet und mit Übersetzungen versehen. Teilweise erhält man bei falschen Antworten sogar ein Feedback, das die richtige Lösung nennt und erklärt.

Auch wenn viele dieser Online-Übungen mit viel Mühe erstellt worden sein müssen, ist ihr Nutzen für den Unterricht fraglich. Da die Übungen nicht bearbeitet und auf eine spezifische Lerngruppe ausgerichtet werden können, ist eine Schülerorientierung im Sinne eines Adressatenbezugs kaum gegeben. So kann es etwa sein, dass Vokabeln auftreten, die die Lerngruppe noch gar nicht kennengelernt hat. Manche Angebote weisen durchaus einen Bezug zu Lehrwerken auf, die heute allerdings bereits veraltet sind, etwa *Michael Bradtke* mit »Cursus Continuus«. Nicht selten ist zudem Werbung geschaltet, die aufblinkt

127 Vgl. Kuhlmann/Horstmann 2018, 65f.; zur Konzeption von Übungen im Bereich der Verbalmorphologie vgl. ebd., 57–65, im Bereich der Nominalmorphologie 65–72.

und beim Lernen stört – und in der Schule auch nichts zu suchen hat. Dies ist etwa bei *Schlaukopf* der Fall. Dort werden zahlreiche und vielfältige Übungen angeboten, die nach Lernjahr und Thema sortiert sind und verschiedene Schwierigkeitsgrade enthalten, doch wird bei jeder Übung auch eine Note generiert – je nachdem, wie viele Antworten richtig waren. Die Trennung zwischen Lern- und Leistungssituation verschwimmt hier. Wie sollen sich Lernende fühlen, wenn sie mit einer »5« eine Übung beenden, die vielleicht hauptsächlich dem dort auftauchenden, unbekannten Vokabular geschuldet ist? *Latein mit Spaß* fragt wiederum lateinische Stammformen ausgehend von einem deutschen Wort ab. *E-Latein* gibt als korrekte Antwort für *esset* »er wäre« an – ohne irgendeinen Kontext. Eine angemessene Übersetzungsorientierung ist so nicht erkennbar. Generell ist bei diesen Übungen die freie Texteingabe problematisch – aber das haben wir ja bereits schon beim Thema digitale Vokabelübungen geklärt (vgl. Kap. 5.3). Viele dieser Websites sind Anfang der 2000er Jahre entstanden, was sich nicht nur inhaltlich, sondern auch gestalterisch widerspiegelt.

Es gibt aber auch Angebote, die positiv hervorstechen. Der Deklinations- und Konjugationstrainer von *Cursus Honorum* lässt viele Einstellungen zu Beginn zu: Statt freier Textantwort kann auch in Multiple-Choice-Form geübt werden, es können verschiedene Trainingsprogramme (etwa bei Deklinationen: Bestimmen, Bilden, Kasus-Fragen) gewählt werden und die enthaltenen Vokabeln sind meist bekannte Standardwörter.

Besonders hervorzuheben sind die Online-Übungen vom *Landesbildungsserver Baden-Württemberg.* Hier wird auf Freitextantworten zu Gunsten von Auswahl- und Zuordnungsformen verzichtet, die Übungen sind nach Thema und sogar Teilkompetenzen sortiert und teilweise kontextualisiert. So können die Lernenden etwa zur Übung des AcI nach der Lektüre eines kurzen Online-Lesestücks im lateinischen Text auf die Infinitive klicken und somit Punkte sammeln. Man merkt, dass diese Angebote professionell entwickelt und betreut werden, werden doch somit Kriterien wie Fokus, Transparenz und vor allem Übersetzungsorientierung in den Blick genommen. Denkbar ist daher – im Sinne der Variabilität –, Lehrbuch-Übungen um solche des *Landesbildungsservers Baden-Württemberg* zu ergänzen.

Will man also vorgefertigte Online-Lernangebote nutzen, ist Vorsicht geboten und eine sorgfältige Prüfung erforderlich (vgl. auch Kap. 2.5.). Zu häufig steht ein »isolierter Formendrill«[128] im Vordergrund.

Der unterrichtliche Einsatz entspricht dem von Apps oder Online-Tools: Geeignete Übungen können dann einfach der Lerngruppe zur Verfügung gestellt

128 Kuhlmann/Horstmann 2018, 14.

und in Einzel- oder Partnerarbeit bearbeitet werden. Damit üben die Lernenden die Medienkompetenz *Effektive digitale Lernmöglichkeiten finden, bewerten und nutzen.*

b) ›Formentrainer‹ (Übungssoftware und Lern-Apps)

Eng verwandt mit ›Vokabeltrainern‹ sind die sogenannten ›Formentrainer‹, werden beide doch nicht selten im gleichen Programm kombiniert. Es gelten daher die gleichen Qualitätskriterien, die wir für die ›Vokabeltrainer‹ genannt haben (vgl. Kap. 5.2.), z. B. Kontextualisierung, Multimedialität, Interaktivität und Variation der Abfrage- und Übungsformen. Hier stehen aber das *Wiederholen, Üben und Festigen* lateinischer Substantiv-, Adjektiv-, Pronominal- und Verbformen im Vordergrund.

Da ›Vokabel- und Formentrainer‹ zu den ersten Computerprogrammen zum Lateinunterricht gehören, wurde in der Lateindidaktik schon früh über ihre Vorzüge und Probleme diskutiert. Zentral ist hierbei die Feststellung, dass ›Formentrainer‹ dann problematisch sind, wenn sie »zum schematischen Deklinieren und Konjugieren sowie zum Abfragen und Übersetzen kontextunabhängiger Einzelformen«[129] tendieren und überhaupt fachdidaktische Prinzipien ignorieren.[130] Zum Beispiel dienen eine bloß tabellarische bzw. ›mechanische‹ Formenabfrage, eine fehlende Differenzierung zwischen häufigen und seltenen Formen oder das Suggerieren von Formengleichungen beim Übersetzen lateinischer Formen ins Deutsche (z. B. lateinischer Konjunktiv = deutscher Konjunktiv) eben nicht dem Prinzip einer Text- und Übersetzungsorientierung.[131]

Überdies sollte die Grammatik im Programm nachzuschlagen sein, ebenso sind Übungen zur Reflexion grammatischer Phänomene, beispielsweise durch Abfrage und Auswahl von Begründungen, unerlässlich. Mithilfe einer Wörterbuchfunktion sollten die Lernenden Vokabeln und ihre Stammformen herausfinden können, und wie bei den ›Vokabeltrainern‹ sollte das Programm bei unklaren Eingaben oder Tippfehlern mit Rückfragen reagieren. Ideal wäre auch eine präzise Fehleranalyse, die von bisherigen Programmen in der Regel jedoch nicht geleistet wird.[132]

Übungssoftware, die die Elemente Lexik, Grammatik und ggf. sogar Übersetzung kombiniert, kann den Unterricht zu Hause sinnvoll ergänzen und

---

129 Kipf 2006, 294.

130 Vgl. Schareika 2002a, 7.

131 Zu grundsätzlichen Problemen von ›Vokabel- und Formentrainern‹ vgl. Drücke 2002; Thies 2002b; Schareika 2002b; Niederau 2002.

132 Vgl. dazu Pfaffel/Lobe 2016, 88.

begleiten, gerade wenn sie lehrwerkbezogen ist und lektionsweise vorgeht.[133] Dazu bietet es sich an, dass die Lernenden ein Lerntagebuch führen. Möglich ist ebenso ihr Einsatz zu Übungs- und Wiederholungszwecken im Unterricht selbst, wobei auf eine angemessene Passung der Übungen in Bezug auf Lerngruppe, Lernziel und Thema zu achten wäre. Digitale Übungen wie *LearningApps* können da deutlich präziser und flexibler auf die Lernenden und den konkreten Unterrichtszusammenhang bezogen werden. Zudem müssten die Lernenden die Software in der Regel käuflich erwerben.

Inzwischen wurde Übungssoftware für den Computer weitgehend von Apps abgelöst, die sich auf Tablets und Smartphones installieren lassen und somit mobiles Lernen ermöglichen, etwa die App *Latein Trainer* mit einer Vokabel- und Formenabfrage.[134] Durch die zusätzliche Nutzung solcher Apps und Computersoftware erwerben die Lernenden Medienkompetenzen wie *Digitale Umgebungen und Werkzeuge zum persönlichen Gebrauch anpassen* und *Effektive digitale Lernmöglichkeiten finden, bewerten und nutzen.*

Wünschenswert wäre eine genaue Analyse, inwieweit bestehende Latein-Lern-Apps fachdidaktischen Ansprüchen Rechnung tragen oder wie eine solche App idealerweise gestaltet sein sollte, um den Unterricht effektiv zu unterstützen – so wie das Anfang der 2000er Jahre auch mit Bezug auf die entstandene Computersoftware diskutiert wurde.

c) Selbst erstellte digitale Übungen

Das Problem des fehlenden Lerngruppenbezugs bei vorgefertigten Übungen kann nur dadurch behoben werden, dass die Lehrkraft selbst Übungen erstellt: Sie weiß, wo die Lerngruppe insgesamt und die Lernenden im Einzelnen stehen, an welchen Kompetenzen sie arbeiten, was ihnen hilft. Dazu kommen die Plattform *LearningApps* sowie die beiden Tools *Hot Potatoes* und *H5P* zum Einsatz.

LearningApps haben wir schon in ihren Funktionen und Vorzügen im Bereich der Wortschatzarbeit kennengelernt (vgl. Kap. 5.3.). Wir erinnern uns: Die Plattform https://learningapps.org/ ist kostenlos nutzbar und ermöglicht es, durch das Ausfüllen von Vorlagen interaktive und multimediale Online-Übungen zu erstellen. Zentral dürfte ihr Einsatz in der Grammatikarbeit sein: Hier gibt es eine Menge an bereits publizierten Übungen zu Morphologie und Syntax, die ganz leicht adaptiert werden können.

---

133 Thies 2002b.

134 Vgl. zu dieser App Gressel 2016, 50.

Die Übungen sind freilich an den Teilkompetenzen auszurichten, die die Lernenden zu einem bestimmten Bereich der Sprachkompetenz erwerben sollen. Daher ist von der Lehrkraft mit Blick auf die konkrete Lerngruppe genau zu prüfen, welche Kompetenzen geübt werden sollen, um geeignete Übungen zu erstellen. Ebenfalls wird auch die Übernahme bereits veröffentlichter Übungen nicht ohne gewisse Anpassungen gelingen können, sei es mit Blick auf die didaktische Zielsetzung, sei es unter Einbezug des Lehrbuchtextes, -themas und -vokabulars, oder sei es grundsätzlich zur Gewährleistung fachdidaktischer Gütekriterien.

An Übungsformaten bei *LearningApps* können fast die gleichen angewendet werden wie bei der Wortschatzarbeit, wobei sich »Zuordnung auf einem Bild«, »Kreuzworträtsel«, »Wörterraten« oder »Wortgitter« wohl eher zum Üben von Lexik eignen. Die anderen Formate – Zuordnung, Texteingabe, Auswahl und Quiz – lassen sich aber gut zum *Üben grammatischer Phänomene* nutzen. Geht es beispielsweise um eine Wiederholung der Deklinationen, könnten in bestimmten Formaten folgende Teilkompetenzen erworben werden:

- »Gruppen-Zuordnung«: Die Lernenden können die Deklinationsklasse eines Substantivs erkennen, indem sie die auftauchenden Formen ins richtige Feld (z. B. auf das Feld der a-Deklination) ziehen.
- »Lückentext«: Die Lernenden können Substantive in Wortstock und Endung zerlegen, indem sie jeweils ihre Endung eingeben.
- »Tabelle ausfüllen«: Die Lernenden können ein Substantiv deklinieren, indem sie in der Tabelle die richtigen Formen eintragen.
- »Millionenspiel« (Quiz): Die Lernenden können den Kasus und Numerus von Substantiven im Kontext eindeutig bestimmen, indem sie zu den gefragten Substantiven in den Mini-Sätzen die richtige Antwort auswählen.
- »Pferderennen« (Wettkampf): Die Lernenden können in einem Satz die fehlende Substantivform ergänzen, indem sie von mehreren Antworten die richtige auswählen und dabei in Kleingruppen gegeneinander antreten.

Wie schon im Kapitel zu interaktiven Vokabelübungen erläutert, liegen die Vorzüge von *LearningApps* beim multimedialen, interaktiven, individualisierten und teils kompetitiven Lernen. Die verschiedenen Übungsformate tragen zu einer gesteigerten Lernmotivation bei und sorgen für eine willkommene Abwechslung zu den manchmal etwas trockenen Übungen im Lehrbuch.

Dennoch sind auch einige Probleme zu nennen, die mit der freien Texteingabe zusammenhängen: Eine Übersetzung grammatischer Phänomene im Kontext ist hier kaum möglich. Die von Lernenden eingegebenen Varianten sind bei Freitextantworten so vielfältig, dass sie nicht antizipiert werden können. So würden korrekte Übersetzungen vom Programm nicht als solche erkannt, nur weil etwa die eingetragene Wortstellung anders ist oder sogar einfach nur Tippfehler oder Rechtschreibfehler vorliegen. Das Kriterium der Übersetzungsorientierung können digitale Übungen in dieser Hinsicht also kaum erfüllen. Hier liegt jedoch Potenzial, im Rahmen einer Medienreflexion die Grenzen von Computerprogrammen, die Lebendigkeit von Sprache und die Bedeutung von Zielsprachenorientierung in der Übersetzung zu thematisieren, die Eins-zu-eins-Lösungen nicht zulässt.

Notwendig ist daher vor allem eine Kombination von digitalen und ›analogen‹, d. h. herkömmlichen Übungen im Buch oder auf einem Arbeitsblatt, die selbst produzierte (Teil-)Übersetzungen verlangen. So können geeignete Übungen auf einem Arbeitsblatt über einen QR-Code von interaktiven Online-Übungen ergänzt werden (›Hybrid-Arbeitsblatt‹) – oder die Lehrkraft teilt zusätzlich zur Arbeit mit dem Lehrbuch Links zu Online-Übungen mit.

Um eine Lernstandsdiagnose zu ermöglichen – eine Feedbackfunktion für die Lehrkraft fehlt bei *LearningApps* leider – sowie eine Selbstreflexion der Lernenden anzubahnen, empfiehlt es sich, den Lernenden einen *Selbstevaluationsbogen* an die Hand zu geben. Dieser kann selbst Übungen enthalten, die die Lernenden bearbeiten sollen. Wenn die Lernenden mit diesen Übungen Schwierigkeiten haben, können sie über einen QR-Code oder Link zu Wiederholungsübungen die entsprechenden Teilkompetenzen online trainieren. Alternativ dient der Selbstevaluationsbogen sozusagen als »Laufzettel«, der den Lernenden die zu bearbeitenden Offline- und Online-Übungen angibt und auf dem sie im Anschluss an die Bearbeitung jeweils ihren Wissens- und Könnensstand einschätzen können. Im Unterricht kann das dann etwa so ablaufen:

1. Die Lehrkraft weist die Lernenden in das Tool ein und teilt den Lernenden den *Selbstevaluationsbogen* aus.
2. Die Lernenden arbeiten in Einzel-, Partner- oder Kleingruppenarbeit an den *analogen und digitalen Übungen* im Rahmen einer ›Übungsstunde‹. Nach Beendigung einer Übung kreuzen sie auf dem Bogen an, wie gut sie die Aufgabe bewältigen konnten. Zudem können sie Anmerkungen notieren. Die Lehrkraft hilft bei technischen oder inhaltlichen Fragen.
3. In einem *Abschlussgespräch* reflektieren die Lernenden die angewandten Lösungsstrategien und ihren Kompetenzstand, klären gemeinsam Schwierigkeiten und offene Fragen oder beurteilen die Übungen an sich. Die Selbstevaluationsbögen können bei der Lehrkraft (ggf. anonym) abgegeben werden, damit sie ein Feedback über den Leistungsstand und Probleme erhält.

Übrigens können die Lernenden auch selbst Übungen kreieren und sie ihren Mitlernenden zur Verfügung stellen, was dem Modell ›Lernen durch Lehren‹ Rechnung trägt. Da dies aber durchaus anspruchsvoll ist, kann das leistungsstärkeren Lernenden als binnendifferenzierende Zusatzaufgabe angeboten werden.

Das hier beschriebene Vorgehen betrifft eine ganze ›Übungsstunde‹, die analoge und digitale Übungsformate sinnvoll zu kombinieren versucht. Doch auch weitere Funktionen können digitale Grammatikübungen erfüllen: Sie können die Arbeit mit Lernvideos im Rahmen des *Inverted Classroom Model* ergänzen (vgl. Kap. 6.1.a), nach einer Grammatikeinführung die Anwendung des Gelernten ermöglichen oder auch in Vorbereitung auf die Übersetzungsphase zur kurzen grammatischen Vorentlastung dienen, etwa durch Wiederholung im Text vorkommender Kasusfunktionen oder Konjunktivformen (vgl. Kap. 7.1.).

In ähnlicher Weise lassen sich schließlich auch Übungen von *Hot Potatoes* einsetzen – diese bieten im Vergleich zu *LearningApps* sogar den Vorteil einer präziseren Evaluation des Lernprozesses. So können der Lehrkraft von der Lernplattform *Moodle* sogar Lerndaten wie gewählte Übung, Fehlerart, Dauer und Ergebnis zurückgemeldet werden, sodass sich spezifische Förderbedarfe der einzelnen Lernenden identifizieren lassen.[135]

Digitale Übungen in der Grammatikarbeit sind vielfältig einsetzbar, können den Lernprozess in Kombination mit analogen Übungen unterstützen, den Unterricht um multimediale und interaktive Angebote bereichern, Binnendifferenzierung in verschiedenen Formen zu realisieren helfen und den Lernenden eine einfache Kontrollmöglichkeit bieten. In Bezug auf die Förderung digitaler Kompetenzen steht hier die Mediennutzung im Zentrum, d. h. *Effektive digitale Lernmöglichkeiten finden, bewerten und nutzen.*

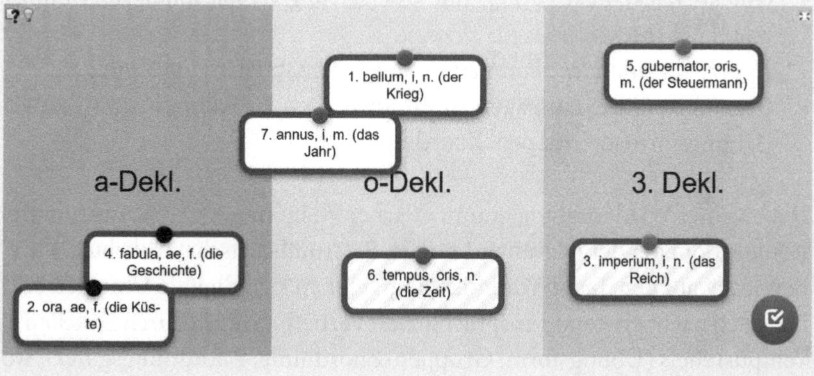

Abb. 6: *LearningApps* zu einer Zuordnungsübung zu den Deklinationen – hier war was falsch!

135 Vgl. Reindl 2016, 18; zu Beispielen für Grammatikübungen mit *Hot Potatoes* vgl. ebd., 19.

7. Digitale Medien bei Texterschließung und Übersetzung

7.1. Texterschließung mit digitalen Übungen

Dass sich interaktive Übungen (z. B. *LearningApps, LearningSnacks, Hot Potatoes*) und Quizze (z. B. *Kahoot!, Quizlet*) nicht nur im Rahmen von Grammatikübungen nutzen lassen, sondern auch zur Erschließung lateinischer Texte, haben Thomas Doepner, Marina Keip und Stephanie Kurczyk ausführlich beschrieben. So können die Lernenden nach dem Aufbau von Leseerwartungen zum Beispiel

- *Satzglieder markieren* (Übungsformat: Markierung);
- durch die Wiederherstellung der richtigen Reihenfolge von Textabschnitten anhand von Kohärenzmerkmalen *einen Text rekonstruieren* (Übungsformat: Zahlen-/Zeitstrahl);
- ihr *vorläufiges Textverständnis* anhand von Leitfragen *überprüfen* (Übungsformat: Quiz);
- eine als Lückentext vorliegende *Übersetzung vervollständigen* (Übungsformat: Lückentext);
- *Hyperbata einander zuordnen* (Übungsformat: Paar-Zuordnung);
- Begriffe und Textaussagen ihren jeweiligen *Handlungsträgern* zuweisen (Übungsformat: Gruppen-Zuordnung).[136]

Neben einer Wiederholung grammatischer Phänomene (z. B. Kasusfunktionen, Konjugationen) oder relevanter Lexik (z. B. Grundwortschatzvokabular) zur Vorbereitung auf den Text (›Vorentlastung‹) eignen sich digitale Übungen schließlich auch nachbereitend zur sprachlichen Vertiefung, etwa durch Erstellen eines Tempusreliefs (Übungsform: Gruppen-Zuordnung, Zuordnungsgitter), woran sich die Interpretation anschließen soll.[137]

---

136 Doepner/Keip/Kurczyk 2020, 16–25; 28 f.

137 Ebd., 34–39.

In jedem Falle sollte zur Orientierung auch der lateinische Gesamttext zur Verfügung stehen, am besten in gedruckter Form. Hierauf oder auch auf einem separat erstellten Arbeitsblatt sollten die Lernenden dann die Ergebnisse der Texterschließung festhalten oder entsprechende Markierungen farblich übertragen. Der Medienkompetenzerwerb bezieht sich auf *Effektive digitale Lernmöglichkeiten finden, bewerten und nutzen.*

Vorteil dieser digitalen Texterschließung ist, dass die Lernenden durch die App direkt eine Rückmeldung über richtige und falsche Ergebnisse erhalten – eine separate Sicherungsphase in Bezug auf die Texterschließung ist somit nicht mehr notwendig. Ebenso kann sie zur Binnendifferenzierung genutzt werden: Diejenigen Lernenden, die beispielsweise Probleme mit dem Erkennen KNG-kongruenter Wörter haben, können die entsprechende Übung zu den Hyperbata vorab bearbeiten. Ebenso können die Lernenden in Einzelarbeit an ihren individuellen Textkompetenzen sowie in ihrem Tempo arbeiten – bei der Texterschließung im Plenum werden womöglich Ergebnisse durch leistungsstärkere Lernende zu schnell vorgegeben bzw. vorweggenommen.

Nachteilig ist, dass ein gemeinsames Sammeln und Diskutieren erster Leseeindrücke und bereits verstandener Aussagen ausbleibt. Für die Lehrkraft ist der Aufwand zudem nicht unerheblich, zu jeder Texterschließung eine eigene Übung zu erstellen. Es kommt wohl wie so oft auf die goldene Mitte an: Zwischendurch oder ergänzend als Hilfestellung können digitale Übungen zur Texterschließung sinnvoll eingesetzt werden.

7.2. Computergestützte Textstrukturierung (›Textlayoutverfahren‹)

Computer und Tablets eignen sich in herausragender Weise zur Erschließung lateinischer Texte, indem entweder herkömmliche Textverarbeitungsprogramme[138] (z. B. *Word, Open Office, Pages*) oder kollaborative Texteditoren[139] (›Etherpads‹, z. B. *ZUMpad*) zur grafischen Texterschließung genutzt werden. Letztere sind internetbasierte *Open-Source*-Anwendungen, die eine gemeinsame Bearbeitung von Textdokumenten durch mehrere Lernende in Echtzeit erlauben.[140]

138 Bechthold-Hengelhaupt 2001, 102 ff.; Zanini 2002; Gressel 2019, 18 f.

139 Doepner/Keip/Kurczyk 2020, 26 f.

140 Vorteil hierbei ist übrigens, dass sowohl die Änderungen der einzelnen Autoren durch farbliche Markierungen nachvollzogen sowie die Etappen der Textbearbeitung über einen ›Timeslider‹ zurückverfolgt oder wieder aufgerufen werden können. Bei einer öffentlichen Nutzung

So können die Lernenden ganz einfach einen in digitaler Form vorliegenden lateinischen Text aufbereiten, etwa indem sie *die Einrückmethode anwenden* oder auch *syntaktische, semantische oder lexikalische Aspekte visuell hervorheben.* Beispielsweise könnte es Aufgabe sein, Subjunktionen und Relativpronomina durch Fettdruck zu markieren, Schlüsselwörter oder Namen zu unterstreichen, Nebensätze nach rechts einzurücken oder Partizipial- oder Infinitivkonstruktionen durch Klammersetzungen zu verdeutlichen. Auch farbliche Markierungen sind möglich.

Die Lehrkraft fügt dazu die zu lesende lateinische Textgrundlage sozusagen in ›Rohform‹ in der *Word*-Datei oder im *ZUMpad* ein und speichert die Datei bzw. den Link. Sie kann dabei entweder eine einzige Textdatei vorbereiten, an der die ganze Lerngruppe arbeitet, oder mehrere, die jeweils in Partner- oder Kleingruppen bearbeitet werden. Bei diesem *arbeitsteiligen Vorgehen* bietet sich folgende Herangehensweise an:

1. Die Lernenden rufen ihre *Textversion* auf.
2. Die Lernenden verändern in *Partner- oder Gruppenarbeit* das Layout des lateinischen Textes nach vorgegebenen Fragen bzw. eingeübten Texterschließungsverfahren.[141]
3. Die erstellten Satzstrukturbilder, per Beamer an die Wand projiziert, werden anschließend *im Plenum vorgestellt, verglichen, diskutiert,* ggf. korrigiert und zu einer gemeinsamen Lösung zusammengeführt.

Bei der *Texterschließung im Plenum* ruft die Lehrkraft die Textdatei auf, etwa an einer digitalen Tafel. Durch die Beiträge der Lernenden strukturiert die Lehrkraft den Satz bzw. Text. Wie üblich, schließt sich nun die eigentliche Übersetzungsphase an.

Diese Art der Textaufbereitung beinhaltet zahlreiche Vorzüge:[142]

- Gliederungen und Markierungen helfen, *sprachliche Schwierigkeiten zu reduzieren* und lange Sätze so zu unterteilen, dass eine Übersetzung auch längerer oder komplexerer Texte von den Lernenden geleistet werden kann.
- Die Ergebnisse der digitalen grafischen Texterschließung sind *jederzeit veränderbar:* Markierungen lassen sich jederzeit auch rückgängig machen.
- Fehlerhafte Beiträge sind sogar produktiv: Sie treiben die Diskussion der Arbeitsskizze an und unterstützen das gemeinsame Erarbeiten einer Lösung.

---

wird für jedes Pad eine eigene Internetadresse generiert. Es sollten auf keinen Fall sensible, personenbezogene Daten Eingang darin finden.

141 Die Schritte 1–2 können auch in Einzelarbeit als Hausaufgabe erfolgen.

142 Basierend auf Bechthold-Hengelhaupt 2001, 102–106 und Zanini 2002, unter eigenen Ergänzungen.

Damit werden ein prozessorientierter, kommunikativer Ansatz verfolgt und eine neue, *konstruktive ›Fehlerkultur‹* etabliert.

- Dies sowie eine hohe Anschaulichkeit, Übersichtlichkeit und Klarheit hinsichtlich Textaufbau und -gestaltung können die *Lernmotivation fördern.* Damit verbunden kann auch eine *hohe Schüleraktivität* erwartet werden. Alle Lernenden können sich einbringen, auch infolge der hohen Prozess- und Zieltransparenz.
- Übrigens können eine direkte Besprechung und Korrektur von Fehlern dazu führen, dass die sich anschließende Übersetzung weniger fehlerbehaftet ist. Dadurch kann die *Qualität* von Übersetzungen gesteigert und auch die zu lesende *Textmenge erhöht* werden.
- Das Verfahren kann gut zur *Binnendifferenzierung* genutzt werden, indem gemäß Lernstand unterschiedliche Arbeitsaufträge formuliert werden.
- Überhaupt können *mehrere Lernkanäle* zugleich angesprochen werden: Hören und Sprechen (durch den Austausch mit Mitlernenden), Sehen (durch die Visualisierung des Arbeitsfortschritts) und Handeln (durch das eigene Anwenden der Texterschließungsmethoden, durch selbstständiges Korrigieren und Modifizieren).
- Der gegliederte und grafisch aufbereitete Text kann als Basis für das *Übersetzungsgespräch* dienen, das – genauso wie die Übersetzungsarbeit – weniger Zeit in Anspruch nehmen sollte. Hilfreich ist dabei, dass die Lernenden ihre Übersetzungen direkt unter die jeweiligen Sätze notieren können, sodass für das Übersetzungsgespräch eine ideale Präsentationsform und optimale Diskussionsgrundlage entstehen.
- Außerdem kann dieser Text für die weitere Interpretationsarbeit genutzt werden. Dafür können bereits im Vorfeld *stilistische oder kompositorische Merkmale* deutlich gemacht werden.
- Die Lernenden erweitern ihre Texterschließungs- und Übersetzungsfähigkeiten und bauen somit ihre *Text- und Methodenkompetenzen* aus.
- Diese Form der Texterschließung zeichnet sich zuletzt durch eine hohe *Praktikabilität, Flexibilität* und *Effizienz* aus. Sie ist einfach anwendbar, für die Plenumsarbeit reicht sogar ein einziges Endgerät aus. Im Vergleich zur handschriftlichen Arbeit auf Tafel oder OH-Projektor gelingt sie schneller und gewährleistet somit einen zügigen Unterrichtsfluss. Die Ergebnisse können gespeichert, geteilt oder ausgedruckt werden und stehen somit der weiteren Arbeit zur Verfügung. Zudem darf gerade in geliehenen Schulbüchern nicht markiert werden, und in gekauften Textausgaben sind die Zeilenabstände und Textränder oft zu gering.

Freilich sind entsprechende Texterschließungsmethoden mit den Lernenden vorher einzuüben und Visualisierungsregeln festzulegen (z. B. die Verwendung eckiger Klammern beim PC, die Bedeutung bestimmter Farben). Weiterhin ist unbedingt darauf zu achten, die Texte nicht ›durchkonstruieren‹ zu lassen. Die computergestützte Textstrukturierung lädt unfreiwillig dazu ein, dass Texte nur noch analysiert und durchstrukturiert werden. Hier ist die Lehrkraft gefragt, geeignete Fragen beizugeben, die zu einem leichteren Verständnis des Textes führen und nicht zu seiner ›Auseinandernahme‹. Überaus positiv ist, dass die Lernenden durch die digitale Erschließungsarbeit sehr leicht in einen ›hermeneutischen Zirkel‹ eintreten und ihre Übersetzung sukzessive korrigieren und optimieren können.[143]

Insbesondere auf das Potenzial kollaborativer Texteditoren im Bereich der Texterschließung sei im Vergleich zu ›statischen‹ *Word*-Programmen noch einmal hingewiesen. Das kostenlose und datenschutzrechtlich im Vergleich zu *GoogleDocs*[144] gewiss weniger bedenkliche *ZUMpad* lädt Lernende zur direkten Zusammenarbeit online ein, speichert das Dokument für ein halbes Jahr und lässt verschiedene Möglichkeiten der Exportierung zu (z. B. als JPEG, PDF, *Word*-Datei). Mit Blick auf die kollaborative Arbeit der Lernenden können sie die Medienkompetenz *Digitale Werkzeuge bei der gemeinsamen Erarbeitung von Dokumenten nutzen* entwickeln.

7.3. Digitaler (hypermedialer) Textkommentar

Heutzutage ist es für uns völlig normal, sich mithilfe von (Hyper-)Links im Internet von Seite zu Seite zu klicken. Solche sogenannten Hypertexte sind auch im Lateinunterricht nutzbar, um *einen Textkommentar zu erstellen.* Ein Konzept, im Lateinunterricht mit Hypertexten zu arbeiten, hat bereits Tilman Bechthold-Hengelhaupt im Jahr 2001 beschrieben. Später wurde dieses Verfahren von Christa Palmié und Friedgar Löbker weiterentwickelt. Zusammengefasst bieten sich zwei Arbeitsweisen an:[145]

1. Die *Lehrkraft* erstellt einen Hypertext zu einer Textpassage und bietet den Lernenden per Klick grammatische, lexikalische, inhaltliche oder andere Anmerkungen, Zusatzfragen und Übersetzungshilfen an.

143 Vgl. Bechthold-Hengelhaupt 2001, 106.
144 Vgl. das Verfahren bei Florian 2018, 138 f.
145 Bechthold-Hengelhaupt 2001, 108–112; Palmié 2002; Löbker 2003.

2. Die *Lernenden* erarbeiten Hypertexte selbst, d.h. sie kommentieren eigenständig einen lateinischen Text, indem sie sprachliche und inhaltliche Anmerkungen formulieren und ihn mit Internetquellen verknüpfen.

Bleiben wir bei der zweiten Variante, zu der ein Textdokument mit drei Spalten vorliegen kann. Der in der ersten Spalte digital vorliegende, lateinische »Rohtext« wird von den Lernenden erschlossen, indem sie grafische Texterschließungsverfahren anwenden, Vokabeln und Formen in digitalen Wörterbüchern nachschlagen oder Sachinformationen recherchieren. Auf dieser Grundlage notieren sie dann Kommentare in einem »Anmerkungsapparat«, also in der zweiten Spalte, ebenso fügen sie Internetlinks zu relevanten Informationen (z.B. zu Grammatikseiten, Bildern, Videos oder Sachtexten) ein. In die dritte Spalte schreiben die Lernenden ihre Übersetzung. Diese Form der Texterschließung wird somit von *Textlayoutverfahren* (vgl. Kap. 7.2.) und *Internetrecherche* begleitet (vgl. Kap. 9.1.).

Durch die Arbeit mit Hypertexten können ganz im Sinne der konstruktivistischen Lerntheorie der Aufbau von Wissensstrukturen erleichtert sowie assoziatives Lesen und entdeckendes Lernen ermöglicht werden.[146] Zudem werden die Lernenden zu einer intensiven Auseinandersetzung mit dem lateinischen Text und seinen Deutungen sowie zu echter Quellenarbeit angeleitet.[147] Neben der Texterschließung kann auch die kreativ-produktive Textarbeit im Vordergrund stehen, indem die Lernenden arbeitsteilig für ihre Mitlernenden eigene *Textausgaben* erstellen (vgl. Kap. 8.3.d).

Gleichzeitig kann dieses Verfahren für manche Lernende zu komplex sein, sodass gerade im Sinne einer Binnendifferenzierung unterstützende Hinweise und Hilfestellungen unerlässlich sind. Außerdem ist auch die Bearbeitungsdauer nicht zu unterschätzen: Ein gemeinsam eingerückter und durch die Lehrkraft kommentierter Text kann von den Lernenden ungleich schneller rekodiert und interpretiert werden. Daher sollte diese Methode eher punktuell, etwa zu projektartigem oder wissenschaftspropädeutischem Arbeiten, eingesetzt werden. Nicht ausbleiben darf zudem eine Quellenkritik der genutzten Internetangebote. Insgesamt trainieren die Lernenden die Kompetenzen *Digitale Werkzeuge für die Zusammenarbeit bei der Zusammenführung von Informationen, Daten und Ressourcen nutzen* sowie *Informationen, Inhalte und vorhandene digitale Produkte weiterverarbeiten und in bestehendes Wissen integrieren.*

146 Vgl. Palmié 2002.
147 Vgl. Bechthold-Hengelhaupt 2001, 113.

7.4. Texterschließungs- und Übersetzungssoftware

Zusammen mit ›Vokabel- und Formentrainern‹ kam auch die erste Texterschließungs- und Übersetzungssoftware auf den Markt, z. B. *Caesar übersetzen, De bello Gallico: Der Helvetierkrieg* (Version 2.0, Reihe »Minerva – Alte Sprachen am PC«, Stuttgart: Klett 2001).[148] Diese Computerprogramme beziehen sich hauptsächlich auf Originaltexte und sollen *den Übersetzungsprozess der Lernenden unterstützen*, indem sie etwa Vokabelhilfen anbieten, Sachinformationen liefern, die Satzfunktionen bzw. Satzglieder anzeigen, Schlüsselwörter visuell hervorheben oder den Text in verschiedenen Layouts darstellen (z. B. kolometrisch einrücken).

Während der Übersetzungsphase können die Lernenden computergestützt in Einzel- oder Partnerarbeit eine Textübersetzung erarbeiten, wobei sie ganz im Sinne der Binnendifferenzierung diejenigen Hilfen und Funktionen der Software nutzen, die sie gerade benötigen (Medienkompetenz: *Digitale Umgebungen und Werkzeuge zum persönlichen Gebrauch anpassen*). Dabei sollten die Lernenden auch ein ›Übersetzungsprotokoll‹ anfertigen, in dem sie Schwierigkeiten oder Probleme während ihres Übersetzungsprozesses notieren und das sie im Anschluss mit der Lehrkraft auswerten und reflektieren.

Stärken und Schwächen solcher Software wurden bereits von Michaela Brusch und Martin Wolter erörtert.[149] Hypermedia und Multimedialität ermöglichen eine viel stärkere Schülerorientierung und Individualisierung beim Dekodierungs- und Übersetzungsprozess, als es eine gedruckte Textausgabe je könnte. Denn hier rufen die Lernenden per Klick die Informationen ab, die sie im Einzelnen brauchen, seien es grammatische, lexikalische, syntaktische oder sachkundliche. Damit eignet sie sich hervorragend zur Binnendifferenzierung nach Leistungsstand oder Lerntyp. Zudem können mit ihr Erschließungs- oder Übersetzungsverfahren geübt und somit Methodenkompetenzen der Lernenden ausgebaut werden.

Problematisch ist diese Software dann, wenn sie die Sätze im Rahmen der Konstruktionsmethode bloß grammatisch-formal ›auseinandernimmt‹, umsortiert und so Wirkungen und Deutungen unterminiert oder in der Satzanalyse fehlerhaft ist, worauf Karl Niederau hingewiesen hat.[150] Versuchen wir aufzuzählen, was eine Texterschließungs- und Übersetzungssoftware idealerweise leisten sollte:[151]

148 Vgl. zu diesem Programm Brusch 2002.
149 Wolter 2002; Brusch 2002.
150 Niederau 2002, 32 f.
151 Vgl. Niederau 2002, 28 ff. – unter eigener Bearbeitung und Ergänzung.

- Grundsätzlich müssen, wie bei herkömmlichen Textbearbeitungen, kontextbezogene *Grammatikhilfen, Vokabelangaben* und *Sacherklärungen* sowie generell eine *Kontextualisierung* des zu lesenden Textes gegeben sein.
- Die Software sollte auf *Hypermedia* basieren, d. h. die Informationen und Hilfen müssen untereinander vernetzt sein; per Klick wird man weitergeleitet.
- Sie sollte auf *Multimedialität* basieren, indem Text, Bild, Ton, Film kombiniert werden, etwa durch eine Vorlesefunktion, durch akustische und visuelle Hervorhebung von Sinneinheiten, durch Grafiken, Animationen, Karten und Fotos zur antiken Welt.
- Sie sollte auf *Interaktivität* basieren, indem die Lernenden etwa durch Auswahl-, Eingabe-, Zuordnungs- oder Markierungsverfahren zum eigenen Handeln angeleitet werden und dazu auch eine Rückmeldung erhalten.
- Es müssen verschiedene Verfahren der *Texterschließung* anwendbar sein (z. B. Einrückmethode, Gradatim-Methode, Markierungen von Handlungsträgern und Handlungen).
- Eine *Kurzgrammatik*, ein *Sachlexikon* und ein *Eigennamenverzeichnis* sollten zum Nachschlagen verfügbar bzw. mit dem Text vernetzt sein.

Allerdings ist festzustellen, dass neuere Texterschließungs- und Übersetzungsprogramme nicht zu existieren scheinen. Möglicherweise stehen den Verlagen Aufwand und Kosten einer solchen Programmierung bei einer zu geringen Nachfrage entgegen, zumal Computersoftware in der Schule ohnehin kaum mehr verwendet wird. Künftig könnten diese Programme gemäß oben genannter Kriterien »tabletkonform« als App entwickelt werden, und dies auch für mehrere Autoren als nur für Caesar.

Vielleicht mag sich ihr didaktisches Potenzial aber auch in Form von Übersetzungssoftware bzw. -apps zu Lehrbüchern noch einmal erhöhen: Diese könnte schon mit dem Beginn der Spracherwerbsphase zum Einsatz kommen, wenn sie etwa grammatische und lexikalische Informationen, Aufgaben, Übungen, Hilfen, Textstrukturierungsverfahren, Bilder, Modelle, Animationen oder Filme didaktisch, methodisch und technisch sinnvoll verknüpft.[152] Das liefe dann auf nichts Geringeres als auf interaktive, multi- und hypermediale »digitale Lehrbücher« hinaus.

152 Vgl. Waiblinger 1997, 81 mit Blick auf Lehrbücher im Hypertextformat.

7.5. Kollaboratives Übersetzen

Nicht nur die Texterschließung kann von kollaborativen Texteditoren (z. B. *ZUMpad*) sinnvoll unterstützt werden, sondern auch die Übersetzungsphase selbst.[153] So können die Lernenden in Partner- oder Kleingruppenarbeit entweder *einen ganzen Text parallel übersetzen* oder gemeinsam an einem einzigen Textdokument arbeiten, wovon jedes Team *einen bestimmten Textabschnitt übersetzt.*

Die erste Variante findet ihre analoge Entsprechung in Folienschnipseln für den Overheadprojektor, auf die die Lernenden ihre Übersetzungen notieren und die sie im Anschluss der Lerngruppe präsentieren: Alle übersetzen den ganzen Text, aber manche Lernende sind ›Experten‹ für einen bestimmten Satz. Ihre Übersetzungen tragen die Lernenden hier also direkt in ihr *ZUMpad* unter die dort notierten lateinischen Sätze und stellen sie danach im Plenum vor, wobei das *Pad* an die Wand projiziert wird. Dadurch bauen sie die digitale Kompetenz *Inhalte in verschiedenen Formaten bearbeiten, zusammenführen, präsentieren und veröffentlichen oder teilen* aus. In einer gemeinsamen Diskussion mit der Lerngruppe wird die vorgestellte Übersetzung gegebenenfalls optimiert und korrigiert oder um sinnvolle Varianten ergänzt. Auch dies können die Lernenden über ein digitales Endgerät selbst leisten.

Für die zweite Variante gibt es so keinen Vorläufer: Die Lernenden übersetzen ihren jeweiligen Textabschnitt im *ZUMpad*, wobei sie den Arbeitsprozess der anderen Gruppen beobachten, deren vorläufige Übersetzungen einsehen und einbeziehen können.[154] Der Lehrkraft kommt dann in der Besprechung die zentrale Korrektivfunktion zu, da die Partner- oder Kleingruppen nur ›ihre‹ Textabschnitte übersetzt haben und die Texte der anderen nicht so gut kennen, als dass sie Übersetzungsfehler unmittelbar bemerken würden. Alternativ könnten zwei gleiche, aber voneinander unabhängig zu bearbeitende Textdateien genutzt werden, sodass jeder Textabschnitt von zwei Gruppen parallel behandelt und die Fehlerkorrektur von der jeweiligen Parallelgruppe geleistet wird.[155] Übrigens ist für dieses Verfahren nicht jeder Text geeignet: Es müssen Texte sein, die thematisch gut trennbare Sinnabschnitte aufweisen. Damit der Sinnzusammenhang zwischen den einzelnen Abschnitten durch die Arbeits-

---

153 Freilich könnten auch Dienste wie *Google Docs* dafür genutzt werden, wofür die Lehrkraft allerdings einen eigenen *Google*-Account braucht (vgl. Florian 2018, 138 f.). Ob eine Registrierung der Lehrkraft bei *Google* wirklich nötig ist, mag bezweifelt werden, gibt es doch anmeldungsfreie Alternativen wie *ZUMpad*.

154 Vgl. Doepner/Keip/Kurczyk 2020, 40 f.

155 Vgl. ebd., 41.

teilung nicht verloren geht, sollten diese zusätzlich durch geeignete deutsche Einleitungssätze kontextualisiert werden.

Insgesamt kann durch ein solches kollaboratives Vorgehen eine größere Textmenge erarbeitet und zügig zur Interpretationsphase übergegangen werden: Es müssen ja nicht alle alles übersetzen, und schon während der Gruppenarbeit erhalten die Lernenden Kenntnis von den anderen Textabschnitten. Die Lernenden können somit ihre Kompetenz *Digitale Werkzeuge bei der gemeinsamen Erarbeitung von Dokumenten nutzen* weiterentwickeln. Gleichzeitig besteht aber die Gefahr, dass bei den Lernenden während der Ergebnispräsentation, die das ›Übersetzungsgespräch‹ ersetzt, Desinteresse und Langeweile aufkommen. Diese Phase sollte daher durch Leitfragen unterstützt werden, um ein vollständiges und vertieftes Textverständnis zu gewährleisten.

7.6. Digitale Wörterbücher

Digitale lateinisch-deutsche Wörterbücher gibt es inzwischen nicht mehr nur als Software, sondern auch online oder als App – und können so im Unterricht von den Lernenden direkt genutzt werden. Bekannt sind etwa die Online-Wörterbücher von *PONS* (https://de.pons.com/übersetzung/latein-deutsch), *Langenscheidt* (https://de.langenscheidt.com/latein-deutsch/), *Navigium* (https://www.navigium.de/latein-woerterbuch.html) und *Frag-Caesar* (https://www.frag-caesar.de/). Ihre Pendants finden sie beispielsweise in den in der Regel auch in vollem Umfang offline nutzbaren Apps *Navigium Schulwörterbuch Latein, PONS Wörterbuch Advanced* oder *Langenscheidt Schulwörterbuch Latein* mit 38.500, 130.000 bzw. 145.000 Einträgen.[156]

Aber bleiben wir bei den Online-Lexika! *Navigium* oder auch das englische *Word Study Tool* (›Perseus Digital Library‹, http://www.perseus.tufts.edu/hopper/morph?lang=la) ermöglichen sogar das Nachschlagen und Bestimmen flektierter Formen. *Frag-Caesar* liefert neben der Formenbestimmung noch umfangreiche und unzählige Flexionstabellen des lateinischen und des deutschen Wortes, jedoch zu Lasten einer ausführlichen, geordneten Bedeutungsübersicht. Die dort angegebenen deutschen Eins-zu-eins-Übersetzungen (beispielsweise des Konjunktivs, des Passivs, des Perfekts) sind sicherlich keine Hilfe für die Lernenden. Dass auch Tabellen zum Imperativ II, Gerundium, Gerundivum, Partizip Präsens Aktiv und Perfekt Passiv und zum Supinum zum jeweils

156 Vgl. Gressel 2016, 51 f.

gesuchten Verb aufgeführt werden, mag didaktisch fragwürdig sein und lässt die Darstellung sehr unübersichtlich wirken.

Hier scheint *Navigium* die deutlich bessere Wahl zu sein: Es markiert beim lateinischen Wort lange Silben, grenzt verschiedene Bedeutungsbereiche ab, verfügt über einen großen Schatz an Phrasen und zeigt diesen auf Wunsch gleich mit an, ist als kompakteres »Schulwörterbuch« oder umfangreicheres »Großwörterbuch« nutzbar, listet ebenfalls lateinische Flexionstabellen – nur deutlich übersichtlicher – und nennt europäische Sprachverwandte sowie Autorennachweise. Die gleichzeitige und geordnete Anzeige von Phrasen kann eine große Erleichterung sein, da diese nicht erst im Kleingedruckten mühsam ausfindig gemacht werden müssen.

Wer die genaue Formenbestimmung vermeiden will, kann die Lernenden auf *PONS* online zugreifen lassen, wo stets die Grundform einer Vokabel einzugeben ist – oder in der Oberstufe zum Zwecke wissenschaftspropädeutischen Arbeitens auch einmal den *Georges* (http://www.zeno.org/Georges-1913) einsetzen.

Über Anforderungen an sinnvolle Lexikon-Software hat Karl Niederau 2002 reflektiert: So sollte sie im Allgemeinen eine große Wörterdatenbank, Phrasen, Eigennamen und eine Suchfunktion für flektierte Formen umfassen.[157] Inzwischen können die Wörterbuch-Apps noch viel mehr: Handschrifterkennung, Grammatikanhang (z. B. Deklinations- und Konjugationstabellen), Speicherung ausgewählter Wörter in Merklisten, Generierung digitaler Vokabelkarten oder Wortschatzübungen sind nur einige Beispiele.[158] Ins Gewicht fallen dann aber doch teilweise recht hohe Kosten (z. B. knapp 20 Euro für *PONS Wörterbuch Advanced*) – wohingegen in den Online-Varianten ständig lästige Werbung aufblinkt, die in der Schule natürlich nichts zu suchen hat.

Einsetzen lassen sich Online-Wörterbücher oder Wörterbuch-Apps während der Übersetzungsphase wie analoge Wörterbücher, wobei die Lernenden in beiden Fällen in deren Aufbau und Anwendung eingeführt werden müssen. Dies trägt dem Erwerb von Medienkompetenzen wie *In verschiedenen digitalen Umgebungen suchen* Rechnung.

Um aber die Arbeit mit dem Wörterbuch speziell zu trainieren, können auch zwei Settings, wie sie Dennis Gressel vorgeschlagen hat, Anwendung finden:[159] So können die Lernenden in einem lateinischen Text ohne Vokabelangaben die für sie unbekannten Wörter markieren, in Kleingruppen ihre Bedeutung erschließen oder mithilfe digitaler Wörterbücher vorab Wortübersichten als

157 Niederau 2002, 33 f.
158 Vgl. Gressel 2016, 51 f.
159 Gressel 2019, 54 f.

Grundlage für die sich anschließende Übersetzung erstellen. Oder die Lernenden sollen während der Übersetzungsphase die im Text markierten Wörter oder Wortblöcke nachschlagen, um zu üben, zum Kontext passende Wortbedeutungen zu finden (›Monosemierung‹).

Abb. 7: Formenbestimmung und Bedeutungsangaben zu *legit* bei *Navigium*

Thomas Doepner und Marina Keip sehen vor allem in der Formenbestimmung durch digitale Wörterbücher einen Gewinn an Lernzeit (etwa zum Aufbauen und Festigen des Grundwortschatzes) und eine höhere Geschwindigkeit und Effizienz beim Nachschlagen und Übersetzen.[160] Durch die elektronische Formenbestimmung würde dann im Bereich der Sprachkompetenz der Lernenden weniger eine umfangreiche Formenkenntnis als vielmehr »die Kontextualisierung der Formen, nämlich das sinnvolle Einfügen der definierten Form in den Textzusammenhang und seine Übersetzung«, im Vordergrund stehen.[161] Auch wenn in der gleichen Zeit mehr Text gelesen werden kann, indem Informationen zu Vokabeln und Formen schneller verfügbar sind, stellt sich dennoch die Frage, ob damit nicht auch Wortschatz- und Formenkenntnisse verloren gehen und das eigene Nachdenken dem digitalen Endgerät überlassen wird. Ob sich bei einer permanenten automatisierten Formenbestimmung durch

160 Doepner/Keip 2016, 5.
161 Ebd.

digitale Wörterbücher überhaupt noch eine »profunde, d. h. passive und aktive Formenkenntnis«[162] aufbauen und legitimieren lässt, wollen wir zumindest in Frage stellen. Nicht zuletzt sind solche Wörterbücher in Klassenarbeiten, Klausuren sowie in der Abiturprüfung nicht zugelassen.

Für den schulischen ›Alltagsgebrauch‹ mag ein digitales Wörterbuch wie *PONS* ausreichen, das die Wortbedeutungen differenziert und strukturiert, Phrasen anführt und auch alle weiteren Funktionen analoger Wörterbücher erfüllt, nur eben auf die Formenbestimmung verzichtet.

7.7. Das computergestützte Übersetzungsgespräch

Bei dem sich an die Erschließungs- und Übersetzungsphase anschließenden Übersetzungsgespräch, in dem Schülerübersetzungen präsentiert, diskutiert, korrigiert und optimiert werden, können ein digitales Endgerät (Tablet, Computer) und ein Beamer eine wichtige Rolle spielen. Denn durch sie können die *Schülerergebnisse visualisiert* und an die Wand projiziert werden, sodass die Lernenden Vergleich und Kritik der präsentierten Übersetzungsvorschläge leicht mitverfolgen und am Diskurs partizipieren können. Erfolgt dies nur mündlich, droht eine Überforderung der Lerngruppe, die bei den Lernenden zu Langeweile, Passivität und Ablenkung führen kann.[163]

Das Vorgehen ist dabei erstaunlich unspektakulär: Die von den Lernenden formulierten *Übersetzungsvorschläge werden von der Lehrkraft* am Tablet oder Computer beispielsweise in einem *Word*-Dokument *mitnotiert,* idealerweise direkt unter den jeweiligen lateinischen Satz. Durch diese Gegenüberstellung von lateinischem Satz und deutschem Übersetzungsvorschlag können die Lernenden dann Fehler finden, Korrekturen vornehmen oder Varianten und alternative Lösungen erörtern und so eine gemeinsame Lösung erarbeiten. Wichtig ist hierbei, dass die Lehrkraft die von den Lernenden mündlich formulierten Übersetzungsvorschläge simultan, schnell und fehlerfrei eintippen kann. Zentrale Textstellen, die im Übersetzungsgespräch diskutiert werden, werden von ihr direkt markiert, fehlerhafte Stellen verbessert und Alternativen ergänzt. Ebenso ist auf eine gute Lesbarkeit bzw. eine angemessene Schriftgröße zu achten. Übrigens kann die Moderation des Übersetzungsgesprächs auch an ausgewählte Lernende abgegeben werden – die Lehrkraft ist mit dem Tippen ja genug beschäftigt.[164]

162 Ebd.
163 Vgl. Doepner/Keip/Kurczyk 2020, 42.
164 Vgl. Doepner/Keip/Kurczyk 2020, 42 f.

Neben den genannten Vorzügen einer Visualisierung der Übersetzungsvorschläge und der sukzessive erarbeiteten gemeinsamen Übersetzung kann der entstandene lateinisch-deutsche Text direkt für die Analyse und Interpretation genutzt und dafür abgespeichert oder ausgedruckt werden, wodurch die Medienkompetenz *Informationen und Daten sicher speichern, wiederfinden und von verschiedenen Orten abrufen* trainiert werden kann. So wird sichergestellt, dass alle Lernenden die gleiche Version mit einer korrekten Übersetzung vorliegen haben, die sie zudem auch gut zur Vorbereitung auf Prüfungen nutzen können.

Für die Lehrkraft bedeutet dieses Vorgehen, dass sie konzentriert, fehlerfrei und vor allem in hoher Geschwindigkeit die Formulierungen der Lernenden eintippen muss – und dafür idealerweise das Maschinenschreiben nach Zehnfingersystem beherrschen sollte. Langsame Eingabe, Tippfehler und oft erbetene Wiederholungen bremsen den Unterrichtsfluss. Daher empfiehlt sich eine solche simultane Eingabe der Schülervorschläge wohl bei weniger komplexen und nicht zu langen Sätzen.

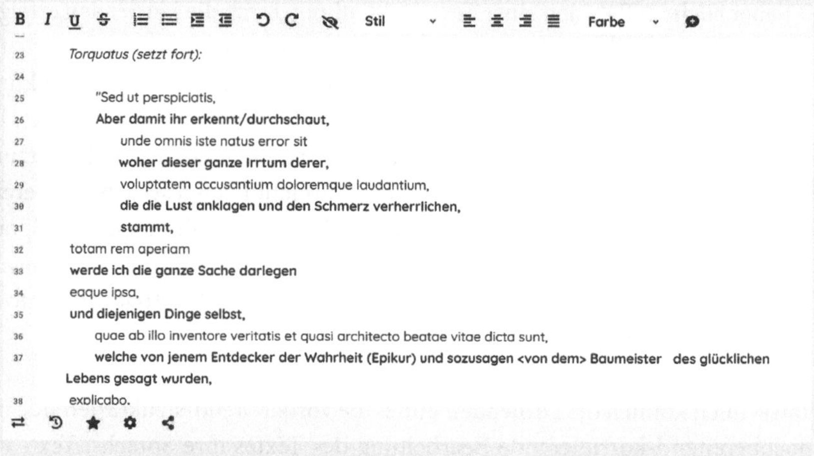

Abb. 8: Übersetzungsvorschlag von Lernenden auf *ZUMpad* zu Cicero, *De finibus*, 1,31 f.

Eine sinnvolle Alternative, die auch die Lehrkraft in dieser Phase deutlich entlastet, besteht in der kollaborativen Texterschließung und Übersetzung, bei der die *Lernenden ihre Vorschläge selbst in einem (online oder offline verfügbaren) Textdokument notieren* – die Lehrkraft muss dies dann nur noch abrufen und kann, wie oben beschrieben, den Prozess des Übersetzungsgesprächs visualisieren (vgl. Kap. 7.5.).

7.8. Internetübersetzungen und Übersetzungsvergleiche

a) Nutzung von Übersetzungsautomaten *(Google Translate)*

Können nicht auch Maschinen selbst die Übersetzungsarbeit der Lernenden übernehmen? Immerhin gibt es mit Übersetzungsautomaten wie *Google Translate* (https://translate.google.com/) die Möglichkeit, dass der Computer die eingegebenen lateinischen Texte ins Deutsche überträgt. Die Texte, die dabei herauskommen, sind allerdings weder sinnvoll noch verständlich, beruhen sie doch lediglich auf Wortgleichungen. Dies hat Florian Bartl dargelegt, und er hat dennoch ein Verfahren entwickelt, mit dessen Hilfe sich Übersetzungsautomaten für die Übersetzungsarbeit der Lernenden nutzen lassen:[165]

1. Zunächst findet eine *Vorstrukturierung* des lateinischen Textes nach Phrasen bzw. Sinnabschnitten statt: Hierbei wird der Text kolometrisch gegliedert und in seiner Satzstellung bereits dem Deutschen angepasst, etwa durch eine entsprechende Anordnung von Haupt- und Nebensätzen oder durch Änderungen in der Wortstellung. Dies kann im Vorfeld durch die Lehrkraft, aber auch im Rahmen einer Texterschließung durch die Lernenden erfolgen. Danach wird dieser Text in die Übersetzungsmaske eingegeben.
2. Die so entstandene ›Rohübersetzung‹,[166] die zwar durch die Vorstrukturierung verständlicher ist, aber immer noch Fehler enthält, muss von den Lernenden *geprüft* werden. Sie vergleichen dazu diese ›Maschinenübersetzung‹ mit dem lateinischen Text und stellen Abweichungen fest (z. B. im Bereich der Morphologie). Diese Fehler müssen sie dann mit ihren eigenen Sprachkenntnissen korrigieren.
3. Auf dieser Grundlage können die Lernenden eine fehlerfreie, *zielsprachenorientierte Übersetzung* anfertigen.

Tatsächlich können die Lernenden durch die vorbereitend-strukturierende und nachbereitend-korrigierende Bearbeitung des Textes ihre Sprach-, Text- und Fehleranalysekompetenz ausbauen. Sie können Texterschließungsverfahren üben und ihre Formenkenntnisse festigen. Zu einem gewissen Grad mögen so verwendete Übersetzungsautomaten auch das Textverständnis erleichtern und beschleunigen. Zu einer echten Übersetzungshilfe werden sie aber kaum, da – wie Bartl selbst feststellt – »der Automat bisweilen Fehler erzeugt, die die Schüler von sich aus vermieden hätten«[167].

---

165 Bartl 2016.

166 Bartl (2016, 9) spricht hier von einer zu verfeinernden »Interlingua«.

167 Bartl 2016, 10.

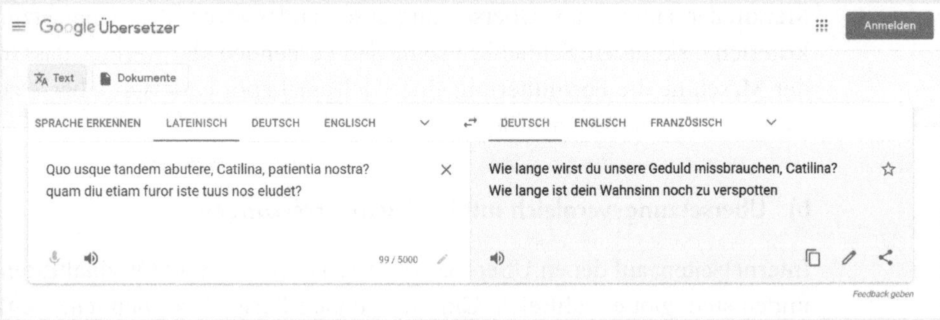

Abb. 9: Was hat es denn mit dem Verspotten auf sich? *GoogleTranslate* zu Cic. *Cat.* I,1

Ob wirklich auch eine Zeitersparnis vorliegt, wenn sich die Lernenden statt um das Nachschlagen und Semantisieren von Vokabeln um das Finden und Korrigieren fehlerhafter Formen und Formulierungen kümmern, kann bezweifelt werden. Zudem dürfte den Lernenden eine Vorstrukturierung bei poetischen Texten sehr schwer fallen – dafür müssen sie etwa alle Hyperbata finden, Ellipsen vervollständigen oder unter Beachtung von Enjambements korrekte Bezüge von Partizipien identifizieren. So kann dieses Verfahren, wenn überhaupt, bei Prosa-Texten Anwendung finden.

Wichtiger erscheint indes eine Diskussion mit den Lernenden auf der ›Meta-Ebene‹, indem sie *die Arbeit mit Übersetzungsautomaten problematisieren, reflektieren und bewerten.* So können sie etwa feststellen,

- dass solche Automaten Fehler produzieren, die nur durch Menschen erkannt und behoben werden können;
- dass eine Übersetzung immer noch auf einer sprachlichen Analyse und menschlichen Deutung basiert;
- dass eine Übersetzung je nach den jeweils zugrunde gelegten Kriterien anders ausfällt und es ›die‹ Übersetzung, wie es ein Automat suggeriert, so nicht gibt;
- oder dass der Mensch in diesen Arbeits- und Denkschritten der Maschine insgesamt überlegen ist (jedenfalls bislang).[168]

Dies hängt übrigens mit Medienkompetenzen wie *Funktionsweisen und grundlegende Prinzipien der digitalen Welt kennen und verstehen* und *Informationen und Daten analysieren, interpretieren und kritisch bewerten* zusammen. Gleich-

168 Inwieweit etwa künstliche Intelligenz solche Prozesse verändert, bleibt abzuwarten.

sam können die Lernenden in die Übersetzungstheorie einsteigen und sich mit Merkmalen einer guten Übersetzung auseinandersetzen, d. h. Übersetzungskriterien diskutieren. Schließlich sollte den Lernenden klar werden, dass trotz der Maschine die Formulierung einer zielsprachenorientierten Übersetzung weiterhin Eigenarbeit erfordert.

b) Übersetzungsvergleich mit Internetübersetzungen

Internetseiten, auf denen Übersetzungen zu Lehrbuch- und Originaltexten zu finden sind, gibt es zahlreich. Um nur ein paar Beispiele zu nennen: *e-Latein* (www.latein.at), *Lateinoase* (www.lateinoase.de), *Lateinheft* (https://www.lateinheft.de/), *Romanum* (www.romanum.de) oder *Gottwein* (https://www.gottwein.de/Lat/Lat.Lektuere.php).

Doch müssen die bei der Lehrkraft gar nicht so sehr für Unmut sorgen, etwa weil die Lernenden ihre Übersetzungen einfach von dort abschreiben könnten. Abgesehen davon, dass die Übersetzungsarbeit ohnehin besser im Unterricht selbst als zu Hause erfolgen sollte, können Internetübersetzungen für Lernprozesse genutzt werden.[169] So können die Lernenden sie (idealerweise in Partnerarbeit) nach vorgegebenen Kriterien entweder mit ihren eigenen Übersetzungen, die sie vorher angefertigt haben, *vergleichen* oder vor dem Hintergrund des lateinischen Originals *bewerten (›rezensieren‹) und optimieren,* um im Anschluss eine ›Musterübersetzung‹ anzufertigen. Sie können etwa prüfen, ob die Übersetzungen sprachlich fehlerfrei und in ›angemessenem Deutsch‹ formuliert sind sowie den Sinn des Textes treffend wiedergeben.[170] Dies lädt auch zur Thematisierung von Äquivalenzen oder zur Reflexion zugrunde gelegter Übersetzungsnormen ein.

Gleichzeitig können die Lernenden auch ihren Blick für häufige Fehlerquellen schärfen, etwa Tempus- und Numerusfehler, sich mit den gewählten Vokabelbedeutungen auseinandersetzen oder auch Übersetzungsvarianten satzwertiger Konstruktionen kennenlernen und reflektieren (z. B. mögliche Wiedergabe des *Ablativus absolutus* durch Substantivierung des Partizips). Damit können sie ihre Sprach- und Textkompetenz weiterentwickeln. Ein positiver pädagogischer Nebeneffekt ist zudem, dass die Lernenden vielleicht vom Kopieren von Internetübersetzungen absehen und sich besser eigenen Übersetzungsversuchen widmen. An Medienkompetenzen können dadurch *Chancen und Risiken des Mediengebrauchs in unterschiedlichen Lebensbereichen erkennen, eigenen Mediengebrauch reflektieren und ggf. modifizieren* oder *Informationen und Daten analysieren, interpretieren und kritisch bewerten* gefördert werden.

---

169 Vgl. Doepner/Keip 2016, 4; Beyer 2004.
170 Vgl. Gressel 2019, 12 f.

Abb. 10: Ob die deutsche Übersetzung (und Rechtschreibung) von *Lateinheft* so stimmt?

c) Interaktive Übungen zu Übersetzungsfehlern

Schließlich können die Lernenden durch interaktive Übungen vorgefertigte Übersetzungen prüfen. Hier liegen keine ganzen Schülerübersetzungen eines Textes vor, sondern von der Lehrkraft formulierte Übersetzungsvorschläge. Drei Varianten sind möglich:

1. Die Lernenden wählen unter mehreren Übersetzungsvorschlägen die *(einzige) richtige Übersetzung* aus. Hierfür eignet sich etwa das Übungsformat ›Quiz‹ in einfacher Form (z. B. *Kahoot!, LearningApps:* »Millionenspiel«).
2. Die Lernenden wählen unter mehreren Übersetzungsvorschlägen *(mehrere) richtige Varianten* aus. So können semantische und syntaktische Phänomene, bei denen verschiedene Übersetzungsmöglichkeiten korrekt sind (z. B. PC, Abl. abs., Wiedergabe der Tempora), geübt und reflektiert werden, beispielsweise über Quizze mit Mehrfachantworten (z. B. *LearningApps:* »Multiple-Choice-Quiz«).[171]
3. Die Lernenden *bestimmen in einem Übersetzungsvorschlag den Fehler und begründen* dies. Zum Beispiel können die Lernenden auch Übersetzungsfehler digital markieren, wobei die Begründung und Korrektur dann handschriftlich erfolgen (z. B. *LearningApps:* »Markierung im Text«). In der Regel

171 Vgl. Doepner/Keip/Kurczyk 2020, 44 f.

handelt es sich hierbei um klare Regelverstöße, etwa die Wahl der falschen Grundbedeutung, Fehler in Syntax oder Morphologie.[172]

Diese Übungen setzen nach einer den Übersetzungs- bzw. Fehlerschwerpunkt fokussierenden Texterschließung ein und ersetzen die schriftliche Rekodierung durch die Lernenden – ein Arbeitsblatt mit dem kompletten Text erhalten die Lernenden zur Orientierung trotzdem. Eine Textparaphrase am Schluss ist unerlässlich, um das Textverständnis zu sichern und inhaltlich weiterarbeiten zu können.

Auf diese Weise können die Lernenden für die Formulierung ›guter‹ und korrekter Übersetzungen sensibilisiert werden. Sie lernen, Fehler zu erkennen und zu analysieren, sie wiederholen Grammatikregeln und typische Übersetzungsvarianten (z. B. bei der Auflösung des PC) und können so ihre Text- und Übersetzungskompetenz ausbauen, ebenso die digitale Kompetenz *Effektive digitale Lernmöglichkeiten finden, bewerten und nutzen.*

7.9. Digitale Überprüfung des Textverständnisses

Obgleich die zentrale Anwendungsmöglichkeit digitaler Übungen wohl im sprachlichen Bereich liegt, können sie auch zur *Prüfung des Textverständnisses* dienen. Hier bieten sich etwa Auswahl- und Zuordnungsübungen (z. B. *LearningApps*) oder Quizze (z. B. *Kahoot!*) an, bei denen die Lernenden wahre und falsche Aussagen zum Text erkennen oder inhaltliche Fragen beantworten sollen, gegebenenfalls verknüpft mit lateinischen Textzitaten.[173]

Eingesetzt werden können sie im Anschluss an die Übersetzungsphase, sozusagen als Ersatz des Übersetzungsgesprächs, in der Regel bei kürzeren, sprachlich leichteren Texten, die eine intensive Diskussion nicht unbedingt erforderlich machen. Die Begründungen der richtigen Antworten aus den Übungen sollten aber trotzdem mit der Lerngruppe noch einmal gesammelt und wiedergegeben werden. Zu den Qualitätskriterien digitaler Übungen haben wir ja schon einiges gesagt und wollen das hier nicht wiederholen (vgl. Kap. 5.3.). Auch hier bezieht sich der Medienkompetenzerwerb auf *Effektive digitale Lernmöglichkeiten finden, bewerten und nutzen.*

---

172 Vgl. Doepner/Keip/Kurczyk 2020, 46 f.

173 Vgl. hierzu am Beispiel von *Hot Potatoes* Reindl 2016, 17, am Beispiel von *LearningApps* und *Kahoot!* Giebe 2020, 14 f.

7.10. Das Internet als ›*fons Latinus*‹

a) Modernes Latein im Internet: *Wikipedia, Nuntii Latini, YouTube & Co.*

Jede Lehrkraft kennt *The Latin Library* (https://www.thelatinlibrary.com/), die *Bibliotheca Augustana* (https://www.hs-augsburg.de/~harsch/augustana.html) oder die Textsammlung vom *Packard Humanities Institute* (https://latin.packhum.org/). Mit ihrer Hilfe lassen sich bekanntlich lateinische Texte in digitaler Form finden, kopieren und für die eigenen Unterrichtszwecke nutzen – wobei ein Abgleich mit einer textkritischen Ausgabe in der Regel nicht fehlen sollte. Denn gerade bei der *Latin Library* schleichen sich immer mal wieder Fehler ein, und die Textgrundlage ist, anders als bei der *Bibliotheca Augustana*, nicht ersichtlich.

Nicht nur der Lehrkraft dient das Internet als Quelle lateinischer Texte. Wie Wilfried Lingenberg gezeigt hat, lassen sich auch die zahlreichen modernen lateinischen Texte im Internet, etwa die lateinische *Wikipedia (Vicipaedia Latina)*, Beiträge der *Nuntii Latini*, lateinischsprachige *Blogs* und dergleichen für Lernprozesse nutzen.[174] Hier werden die Lernenden in die lateinische Internetkommunikation auf der rezeptiven Ebene eingebunden. Sie erarbeiten im Internet publizierte lateinische Texte, indem sie *(Kern-)Begriffe heraussuchen, Inhalte wiedergeben sowie Latein als Kommunikationssprache reflektieren*. So können sie etwa

- aus der lateinischen Wikipedia (http://la.wikipedia.org) lateinische Ausdrücke für moderne Begriffe herausarbeiten,
- anhand lateinischsprachiger Nachrichtenseiten (z. B. *Nuntii Latini* von Radio Bremen: https://www.bremenzwei.de/themen/nuntii-latini-100.html) aktuelle Themen identifizieren und das dortige Themenspektrum mit demjenigen deutscher Internetzeitungen vergleichen
- oder den Inhalt verschiedener lateinischsprachiger Seiten (z. B. *Vatikan:* https://www.vatican.va/latin/latin_index.html) beschreiben sowie mögliche Gründe für die Verwendung des Lateinischen diskutieren.[175]

Neben Texten bietet das Internet eine Fülle an Audio- und Video-Inhalten in lateinischer Sprache, etwa von Michael von Albrecht, Wilfried Stroh und anderen auf *YouTube*, oder *Nuntii Latini* als Podcasts.[176] Hier erleben die Lernenden Latein zudem als wirklich gesprochene Sprache. Dies ist eine Methode, um auch

174 Lingenberg 2016, 155–159.
175 Ebd.
176 Vgl. zu *nuntii Latini* im Lateinunterricht Laser 2013.

im Lateinunterricht das Hörverstehen lateinischer Texte zu üben, wobei die Lernenden durch Vokabelhilfen unterstützt werden sowie Aufgaben zu Textverständnis, Sprach- und Methodenreflexion bearbeiten sollten. Neben einem gesteigerten Sprachbewusstsein können die Lernenden durch eine solche ›multimediale lateinische Quellenarbeit‹ die Medienkompetenz *Informationen und Daten analysieren, interpretieren und kritisch bewerten* entwickeln.

Auch wenn Hörverstehen kein Gegenstand heutigen Lateinunterrichts ist, können solche Projekte für die Lernenden doch eine willkommene Abwechslung zu herkömmlichen ›Übersetzungsstunden‹ bilden, und mit dem Leseverstehen moderner lateinischer Texte erweitern sie überdies ihre Textkompetenz.

b) Lateinische Artikel für die *Wikipedia* verfassen

Das Internet kann nach Wilfried Lingenberg auch helfen, die Kommunikationsfunktion des Lateinischen wiederzubeleben und Sprache tatsächlich als Mittel des Informationsaustausches erfahrbar zu machen.[177] Lateinische *Facebook*- oder *Twitter*-Posts, lateinische *Blogs* oder die fortlaufende Arbeit an lateinischen *Wikipedia*-Artikeln beweisen einen durchaus lebendigen Austausch im Internet. So können auch die Lernenden selbst *an der lateinischen Internetkommunikation aktiv und produktiv mitwirken*, indem sie beispielsweise an der Erstellung lateinischer *Wikipedia*-Artikel (http://la.wikipedia.org) mitarbeiten – bei freier Themenwahl.[178] Folgendes Vorgehen wird vorgeschlagen:

1. Die Lernenden recherchieren in Partner- oder Gruppenarbeit entsprechende Inhalte und *formulieren bereits deutsche Sätze* (in der Schule oder zu Hause).
2. Dann *übersetzen* sie in der Schule die Sätze ins Lateinische, wobei deutsch-lateinische Lexika und Schulgrammatiken sowie die Lehrkraft helfend zur Verfügung stehen.
3. Im Anschluss *liest und korrigiert* die Lehrkraft die lateinischen Texte der Lernenden – oder sie kennzeichnet die Fehler lediglich, gibt Hinweise zur Lösung und lässt die Lernenden ihre Texte selbst überarbeiten.
4. Die Lehrkraft *fügt die redigierten Texte zusammen* und stellt sie bei *Wikipedia* ein.

Im weiteren Verlauf können die Lernenden die (Weiter-)Entwicklung ihrer Artikel verfolgen, sie ergänzen und erweitern. An Medienkompetenzen können hier

177 Lingenberg 2016, 154f.

178 Lingenberg 2016, 159f.; den Vorzug von *Wikipedia* beschreibt Lingenberg (ebd.) wie folgt: »Hier trifft die Aktivität der Schüler einen echten Bedarf der Netzöffentlichkeit – jedenfalls wenn das Thema sinnvoll gewählt wurde [...].«

Digitale Werkzeuge bei der gemeinsamen Erarbeitung von Dokumenten nutzen sowie *Öffentliche und private Dienste nutzen* eine Rolle spielen.

Vorteilhaft ist bei dieser Methode tatsächlich, dass die Lernenden Latein als Sprache erleben, in der und über die sich (lateininteressierte) Menschen weltweit – über das Internet miteinander verbunden – austauschen können. Die ihnen nur allzu bekannte, internetgestützte Alltagskommunikation erfährt hier eine neue Dimension. Freilich sind aber solche ›Rückübersetzungen‹ kein Ziel des Lateinunterrichts mehr. Ein solches Projekt erfordert viel Zeit und vor allem viel Unterstützung der Lernenden durch die Lehrkraft – schon die Formulierung deutscher Lexikonartikel inklusive der Referenzierungspraxis ist für Lernende oft schwer genug. Das heißt auch, dass kleinere Fehler durchaus ignoriert werden können, um die Lernenden nicht zu demotivieren. Das gewählte Thema sollte daher möglichst einfach gehalten und klar begrenzt sein.

Alternativ können die Lernenden auch eigene lateinische *Blogs* (z. B. mit *Wordpress*) entwerfen – oder überhaupt im Rahmen der Arbeit mit dem übersetzten Text Eigenproduktionen auf Latein entwickeln (vgl. Kap. 8.3.). Der kommunikative Aspekt spielt dann aber eine untergeordnete Rolle.

c) Lateinisch kommunizieren über E-Mails, Foren und soziale Netzwerke

Um die Kommunikationsfunktion des Lateinischen für die Lernenden direkt spürbar zu machen, kann das Internet nach Wilfried Lingenberg schließlich zur wechselseitigen Kommunikation genutzt werden, indem die Lernenden über *E-Mails, Foren* oder *soziale Netzwerke* entweder miteinander, mit anderen Lerngruppen oder mit Lernenden im Ausland *in lateinischer Sprache in Austausch treten.* Das Vorgehen kann sich am Verfassen lateinischer *Wikipedia*-Artikel orientieren (s. o.): Die Lernenden formulieren zunächst deutsche Sätze und übertragen sie mit Hilfe der Lehrkraft ins Lateinische, schicken ihre Nachricht einem Kommunikationspartner und reagieren auf seine Antwort.[179]

Dadurch kann der Lateinunterricht helfen, dass Lernende Medienkompetenzen wie *Mithilfe verschiedener digitaler Kommunikationsmöglichkeiten kommunizieren, Verhaltensregeln bei digitaler Interaktion und Kooperation kennen und anwenden* sowie *Medienerfahrungen weitergeben und in kommunikative Prozesse einbringen* weiterentwickeln.

Auch dieses Verfahren wird höchstens in Form eines Unterrichtsprojektes stattfinden. Doch es kann auch dazu dienen, bestimmte sprachliche Phänomene zu üben (z. B. den AcI) oder Übersetzungsprobleme zu diskutieren und

179 Lingenberg 2016, 161 f.

zu reflektieren. Außerdem kann ein positiver Beitrag zur Außenwirkung des Faches geleistet werden – und im Vergleich zu *Latine loqui* ist diese schriftliche Alternative für viele Lateinlehrkräfte einfacher umzusetzen.[180]

Praktisch gesehen wäre die Einrichtung eines Klassenaccounts etwa bei *Twitter* denkbar, freilich unter Beachtung aller datenschutz- und schulrechtlichen Bestimmungen. Schüleraccounts stellen daher keine Option dar. Apropos Datenschutz: Es können hierbei grundsätzliche Probleme sozialer Netzwerke diskutiert (Medienkompetenz: *Risiken und Gefahren in digitalen Umgebungen kennen, reflektieren und berücksichtigen*) sowie Möglichkeiten zur Wahrung der Privatsphäre besprochen werden (Medienkompetenz: *Privatsphäre in digitalen Umgebungen durch geeignete Maßnahmen schützen*). Die einfachste Variante ist wohl, sich eine Partnerklasse oder -schule zu suchen und die Kommunikation über *lateinische E-Mails* zu versuchen.

Soziale Netzwerke können übrigens noch in einer weiteren Funktion verwendet werden: Die Lernenden nutzen sie im Rahmen der ›historischen Kommunikation‹ zur vertiefenden Textarbeit, indem sie aus Sicht der handelnden Figuren Textzitate (auf Deutsch oder auf Latein), Gedanken oder Meinungen ›posten‹ – Perspektivwechsel mal anders.

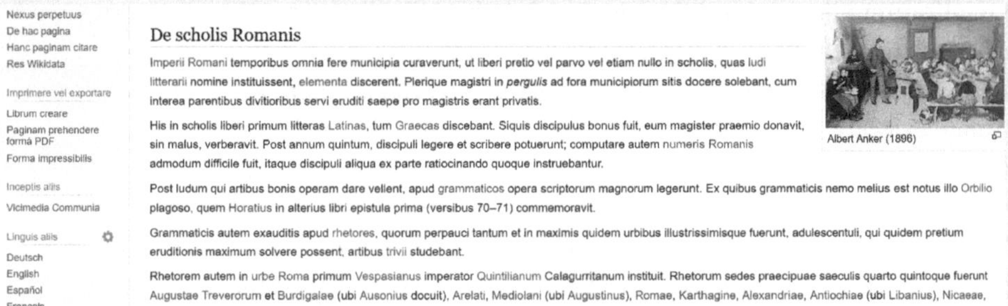

Abb. 11: Ein lateinischer *Wikipedia*-Artikel zum Thema ›Schule‹

180 Lingenberg 2016, 162.

8. Digitale Medien bei Textvertiefung und Interpretation

8.1. Interaktive Übungen für sprachlich-stilistische Gestaltungsmittel

Auch um das Erkennen und Benennen von Stilmitteln zu üben, können interaktive Übungen und Quizze (z. B. *LearningApps, Hot Potatoes, Kahoot!, Quizlet*) zum Einsatz kommen.[181] Dies bietet sich an, wenn die Lernenden sprachlich-stilistische Gestaltungsmittel kennengelernt, in einem Text entdeckt sowie in ihrer Funktion und Wirkung bereits kontextbezogen gedeutet haben. Dann können die Lernenden *Fachtermini und Definitionen zu den einzelnen Stilmitteln mit Textbeispielen* in Form von Abfrage-, Lückentext- oder Zuordnungsaufgaben *üben* – entweder im Unterricht oder als Hausaufgabe.

Sicherlich bieten solche Übungen Abwechslung und Motivation im Unterricht und können helfen, die erarbeiteten Stilmittel zu festigen. Auch eine fortlaufende Sammlung weiterer Stilmittel durch solche Tools ist denkbar und kann zur Vorbereitung auf Prüfungen immer wieder genutzt werden. Dennoch kann gerade ihre Deutung – also die zentrale Arbeit, wenn es um stilistische Untersuchungen geht – nicht auf digitale Tools ausgelagert werden: Hier braucht es das Unterrichtsgespräch, um Eindrücke zu sammeln, Leserlenkungen zu beschreiben und mögliche Intentionen zu diskutieren.

Auch für diesen Anwendungsbereich digitaler Übungen brauchen wir nicht zu wiederholen, was wir bereits in Bezug auf Anforderungen und Ausgestaltung festgestellt haben (vgl. Kap. 5.3.). Wieder liegt der Medienkompetenzbezug auf *Effektive digitale Lernmöglichkeiten finden, bewerten und nutzen.*

---

181 Vgl. zu *Hot Potatoes* Reindl 2016, 18, zu *Quizlet* Doepner/Keip/Kurczyk 2020, 48 f.

8.2. Visualisierung und Präsentation von Interpretationsaspekten

Eine eher unspektakuläre, doch durchaus nützliche Methode besteht darin, Online-Tools zur *Sammlung und Visualisierung von Interpretationsergebnissen* zu nutzen. So können die Lernenden mithilfe von Online-Pinnwänden (z. B. *Padlet*) oder kollaborativen Texteditoren (z. B. *ZUMpad*) Charakterisierungen von Figuren vornehmen, indem sie Charaktereigenschaften und Verhaltensweisen aus dem Text herausarbeiten und sie dort in Form lateinischer Zitate oder deutscher Formulierungen den verschiedenen handelnden Figuren zuordnen.[182] Über *Padlet* lassen sich zudem Phasen der Texthandlung oder mithilfe grafischer Elemente Personenkonstellationen verdeutlichen.[183] Ebenso helfen Mindmapping-Tools (z. B. *Mindmeister, Popplet*), Interpretationsaspekte zu sortieren und zu strukturieren.

Da die gemeinsame Arbeit im Vordergrund steht, können die Lernenden diese Medienkompetenz ausbauen: *Digitale Werkzeuge für die Zusammenarbeit bei der Zusammenführung von Informationen, Daten und Ressourcen nutzen.*

8.3. Kreativ-produktive Textvertiefung – digital und multimedial

Zentrale Einsatzmöglichkeiten digitaler Medien im Bereich der Interpretation liegen in der kreativ-produktiven Auseinandersetzung mit dem gelesenen lateinischen Text, was nicht zuletzt der Entwicklung von Text- und Literaturkompetenz Rechnung trägt. In der Regel geht es darum, dass die Lernenden ein vertieftes Textverständnis nachweisen und ausgehend von ihrer Lebenswelt eigene Zugänge zum Text finden (›*Quid ad nos?*‹).[184] Somit kann eine aktualisierende Interpretation gelingen, die besonders von der Arbeit mit digitalen Medien getragen wird. Kreativ-produktive Verfahren können sich auf *Bearbeitungen in Form von Bildern, Filmen, Vertonungen oder Texten* beziehen: Alle Medienformate können einbezogen und teils auch kombiniert werden, sodass wir tatsächlich von einer digitalen und multimedialen Arbeit mit dem übersetzten Text sprechen können.

182 Vgl. Doepner/Keip/Kurczyk 2020, 50 f.
183 Vgl. Giebe 2020, 14 f.
184 Vgl. die Interpretationsschritte bei Kuhlmann 2009, 139 ff.

Grundsätzlich lässt sich das Vorgehen bei solchen Projekten in mehrere Schritte einteilen: Zunächst sind die Lernenden gemäß Interessenlage und Leistungsstärke in Gruppen einzuteilen, die sich dann jeweils einem bestimmten Thema bzw. Aspekt oder (bei einem Großprojekt) einer Teilaufgabe widmen. Ebenso ist die Lerngruppe vorher in das gewählte Genre und in die eingesetzten Medien und Tools einzuführen. Zur *Vorbereitung* erstellen die Lernenden eine Skizze, ein Konzept oder ein Exposé zu ihrem Vorhaben und schreiben gegebenenfalls ein Skript, Drehbuch oder Storyboard. Wenn möglich, sollten sich die Gruppenmitglieder untereinander entsprechende Rollen zuweisen, damit jeder der Lernenden eine Aufgabe hat und einen Anteil am Gesamtprojekt leistet. In der *Durchführungs- oder Umsetzungsphase* arbeiten die Lernenden an ihrem Lernprodukt (z. B. Film-, Foto- oder Audioaufnahmen), idealerweise auf verschiedene Räume verteilt. In der *Nachbereitung* werden dann die ›Rohprodukte‹ mithilfe digitaler Tools bearbeitet (z. B. geschnitten, farblich angepasst, zusammengefügt) und gespeichert. Da solche Projekte viel Zeit in Anspruch nehmen, sind von der Lehrkraft klare Vorgaben und ein transparenter, realistischer Zeitplan gefordert. Die entstandenen Lernprodukte können dann innerhalb der Lerngruppe präsentiert oder einer breiteren Öffentlichkeit zugänglich gemacht werden, z. B. auf der Schulwebsite, bei einem ›Tag der offenen Tür‹, bei einem ›Lateintag‹ oder auf *YouTube*. Vor allem bei solchen Arten der *Veröffentlichung* sowie grundsätzlich bei der Aufnahme von Stimmen und Bildern der Lernenden sind datenschutz- und persönlichkeitsrechtliche Aspekte unbedingt zu beachten, bei der Verwendung von Sounds und Musik zudem das Urheberrecht.

Diese Verfahren setzen Texterschließung und -übersetzung sowie auch eine gewisse Textanalyse (textimmanente Interpretation) voraus. Denn nur auf dieser Basis können die Lernenden entsprechende Lernziele erreichen, etwa eine persönliche Auseinandersetzung mit dem Text im Sinne eines ›existenziellen Transfers‹. Neben kreativem und ganzheitlichem Lernen (etwa durch Füllen von Leerstellen, Veränderungen oder Weiterentwicklungen der Texthandlung) können hierbei zentrale Medienkompetenzen gefördert werden: Mit Bezug auf Produktion und Präsentation sind das etwa *Mehrere technische Bearbeitungswerkzeuge kennen und anwenden* sowie *Eine Produktion planen und in verschiedenen Formaten gestalten, präsentieren, veröffentlichen oder teilen,* im Falle eigener Audio- oder Video-Aufzeichnungen oder Foto-Aufnahmen setzen sich die Lernenden zusätzlich mit der Kompetenz *Persönlichkeitsrechte beachten* auseinander. Bei der Bearbeitung von Fremdwerken müssen sie zudem auf Copyright-Aspekte achten: *Urheber- und Nutzungsrechte (Lizenzen) bei eigenen und fremden Werken berücksichtigen.*

Ideen, Methodenhinweise und Beispiele zu derlei Textarbeit existieren in der Lateindidaktik inzwischen in Hülle und Fülle. Es lohnt sich also, durch eine Sortierung nach Medienarten einen Überblick zu gewinnen.

a) Bild-Produktionen

Beginnen wir beim Bild! Wie man *Bildsequenzen* zu einer Texthandlung erstellt, hat Sebastian Krinner gezeigt: Die Lernenden fügen Bilder (z. B. Historienbilder, Kupferstiche, Statuen, Reliefs) oder Bildausschnitte in einer bestimmten Reihenfolge zusammen und lassen sie nacheinander abspielen, wozu schon einfache Folien-Präsentationstools (z. B. *PowerPoint, Keynote*) ausreichen. Im Gegensatz zu einfachen, unbewegten Bildern haben solche Bildsequenzen den Vorteil, dass sie die Narrativität des Textes widerspiegeln.[185]

Aus selbst (ggf. mit digitalen Tools) gezeichneten Bildern, die Szenen und Situationen des lateinischen Textes wiedergeben, und kurzen Texten können die Lernenden mit entsprechenden Comic-Apps (z. B. *Clip2Comic, StoryboardThat*) einen eigenen *Comic* erstellen, wie Dennis Gressel beschrieben hat. Anstelle von Zeichnungen können auch eigene, digital bearbeitete Fotos oder auch Fotos aus Internetquellen (z. B. *Pixabay, Wikimedia Commons*) genutzt werden – oder die Lernenden nehmen die Bilder selbst auf, um daraus einen *Fotoroman* zu erstellen. Ambiente und Rollen können die Lernenden bestimmen. Die im Comic einzufügenden Texte können auf Latein oder auf Deutsch geschrieben sein – oder in einer ›Mischform‹ aus deutschen Zwischentexten und lateinischen Sprechblasen. Attraktiv scheint besonders die Idee, lateinische Originalzitate einzubauen.[186]

Weitere Möglichkeiten liegen bei einem Fächerübergriff mit dem Kunstunterricht in der digitalen Erstellung von *Collagen, Fotomontagen* und dergleichen.

b) Video-Produktionen

Die oben beschriebenen Bildersequenzen können nach Sebastian Krinner sogar zu Bildverfilmungen weiterentwickelt werden. So können die Lernenden mit Filmbearbeitungsprogrammen (z. B. *PhotoFilmStrip*) und unter Anwendung filmischer Techniken (z. B. Kamerabewegungen, Schnitte), etwa um sprachliche mit filmischen Stilmitteln auszudrücken, aus Bildern und Bildausschnitten

185 Krinner 2016, 36 ff.
186 Gressel 2019, 8 f.; zur Unterstützung von Texterschließung und Übersetzung durch *Comics* vgl. Giebe 2020, 14 f.

sogenannte *Bilderfilme* realisieren. Diese werden noch dazu mit Musik, Sounds, Untertiteln (z. B. der Textübersetzung) oder dem gesprochenen lateinischen Text unterlegt.[187]

Mit den auf der Trickfilm-Technik basierenden *Stop-Motion-Filmen,* also kurzen Videos, die aus der Aufnahme vieler einzelner Fotos bestehen, können die Lernenden beispielsweise mit Spielfiguren als Protagonisten die Texthandlung illustrieren. Entsprechende Apps (z. B. *Stop Motion Studio*) bringen nach Dennis Gressel die Einzelbilder zu einem Film zusammen, wobei die Lernenden auch Kommentare, Dialoge, Sounds und Hintergrundmusik hinzufügen und mithilfe eines *Greenscreens* sogar eigene Hintergründe einsetzen können.[188]

Letztlich ist auch ein ›echter‹ Filmdreh mit den Lernenden als Schauspielerinnen und Schauspieler möglich, etwa ein kurzer *Spielfilm* zur Texthandlung (oder ihrer Vor- oder Nachgeschichte), eine *Reportage,* eine lateinische *Nachrichtensendung* oder eine Verfilmung in anderen, von den Lernenden festgelegten Genres. Verschiedene Apps stehen hierfür ja zur Verfügung (z. B. *iMovie*).

Abb. 12: Stop-Motion-Film auf *YouTube* mit LEGO zum Pygmalion-Mythos von Ovid, *Met.*

187 Krinner 2016.

188 Gressel 2019, 6f. – Beispiele für Trickfilme zu lateinischen Texten finden sich überdies auf *YouTube* und können nicht nur den Lernenden als Inspiration, sondern auch zur Gestaltung eines Unterrichtseinstiegs dienen. Ein Beispiel zu Ovids Mythos von Latona mit *Playmobil*-Figuren: https://www.youtube.com/watch?v=SKjNQIUk00E (Zugriff: 21.08.2021).

Spannend kann bei solchen Filmprojekten für die Lernenden vor allem sein, Arbeitsschritte der Filmproduktion (z. B. Projektentwicklung, Vorproduktion, Dreharbeiten, Postproduktion, Filmverwertung) kennenzulernen und entsprechende Rollen (z. B. Regisseurin, Drehbuchautor, Kameraperson, Cutter) in der Gruppenarbeit selbst einzunehmen.[189]

c) Audio-Produktionen

Für Audio-Produktionen im Lateinunterricht eignen sich entsprechende Audioproduktionsprogramme (z. B. *Audacity*) bzw. Apps (z. B. *GarageBand*), wobei in der Regel auch Mikrofone und Kopfhörer für qualitativ hochwertige Audio-Aufnahmen und -bearbeitungen unentbehrlich sind. Kostenlose und frei verwendbare Sounds und Musik sind auf verschiedenen Internetseiten zu finden (vgl. Kap. 12).

Zunächst zu den Vertonungen lateinischer Texte, der Variante mit dem geringsten Aufwand im Vergleich zu den folgenden: Ein *interpretierender Lesevortrag* nach Ines Ladehof gelingt den Lernenden, indem sie einen lateinischen Text – freilich mit etwas Übung – metrisch korrekt und sinnbetont lesen, ihre Stimme dabei bewusst einsetzen, dies im Audio-Format aufnehmen sowie Musik und Sounds ergänzen. Klar, dass die Lernenden mit dem Lesen lateinischer Texte vertraut sein und über Kenntnisse zu Aussprache, Prosodie und Metrik verfügen müssen. Schön an dieser Methode ist vor allem der Aspekt, dass die Lernenden allein durch ihr Vorlesen Textverständnis und -deutung beweisen können. Und sie sprechen richtig die lateinische Sprache![190]

Einen übersetzten lateinischen Text können die Lernenden nach der Vorgehensweise von Dennis Gressel auch als *Hörspiel* inszenieren, um aus der Handlung und den Figuren des Textes ein spannendes Hörerlebnis zu gestalten, das durchaus auch in der Gegenwart spielen kann. Neben der Aufnahme verschiedener Sprecher und ggf. einer Erzählerstimme werden dazu auch Sounds und Hintergrundmusik eingespielt. Übrigens kann es ein Hörspiel auf Deutsch, ein Hörspiel mit deutschem Erzähler und lateinischen Dialogen oder ein Hörspiel ganz auf Latein sein. Dafür bieten sich insbesondere dialogische und narrative Texte an.[191]

Schließlich besteht auch die Möglichkeit, dass die Lernenden eigene *Podcasts* produzieren, also eine Serie von normalerweise im Internet abrufbaren

---

189 Vgl. Krinner 2016, 37 f.

190 Ladehof 2016; vgl. auch Gressel 2019, 10 f. – Hörbeispiele zu Ovids *Metamorphosen* bietet z. B. das Projekt ›Telemachos‹ der HU Berlin, auch mit zahlreichen Zusatzmaterialien: https://www.telemachos.hu-berlin.de/materialien/ovidprojekt/start/start.html (Zugriff: 21.08.2021).

191 Gressel 2019, 16 f.; siehe auch das Beispiel zu Dido und Aeneas von Jansen 2013.

Audiodateien zu einem bestimmten Thema. Hier können sie neben den bereits beschriebenen Formen von *Textvertonung* und *Hörspielen* beispielsweise fiktive *Interviews* (z. B. zwischen Figuren aus dem Text), *Radiosendungen* (z. B. Reportage oder Nachrichten), *Erfahrungsberichte* (z. B. verschiedener Figuren), *Kurzvorträge* (z. B. zum Text und seinen Deutungsmöglichkeiten) oder eigene *Erlebnisse* (z. B. persönliche Leseerfahrungen) als Audiobeiträge umsetzen und abspielen.[192] Der Kreativität sind hier keine Grenzen gesetzt. Ob diese *Podcasts* tatsächlich veröffentlicht werden oder bei der Lerngruppe verbleiben, spielt dabei eine untergeordnete Rolle: Die kreative Arbeit der Lernenden mit dem übersetzten Text steht im Vordergrund.

d) Text-Produktionen

Bearbeitungen in Textform können zunächst darin liegen, dass die Lernenden eine *eigene Textausgabe* erstellen. Dazu bereiten sie nach Dennis Gressel auf Basis einer eigenständigen Erschließung, Übersetzung und (textimmanenten) Interpretation einen lateinischen ›Rohtext‹ auf, den sie mit Vokabelangaben und Grammatikhilfen (z. B. zu Formen oder Syntax), Aufgaben oder auch Bildern (z. B. Fotos, Grafiken) versehen. Das kann über E-Book-Apps (z. B. *BookCreator*) oder Textverarbeitungsprogramme (z. B. *Word, Pages, Notability*) erfolgen.[193] Da ein Übersetzungsgespräch ausbleibt – die Textausgabe soll Textverständnis und -deutung dokumentieren –, muss die Lehrkraft den Arbeitsprozess genau überwachen und die Inhalte auf sprachliche und inhaltliche Korrektheit prüfen. Ohnehin wird die Lehrkraft die einzelnen Gruppen von Beginn an stark unterstützen müssen, sollen diese einen unbearbeiteten lateinischen Text de- und rekodieren. Die fertigen Textausgaben können dann von den Lernenden der anderen Gruppen zur Übersetzung und Interpretation verwendet werden, wobei die Mitglieder der ›Autorengruppe‹ diesen Prozess als Experten moderieren. Die einzelnen Textausgaben können als gemeinsames Lernprodukt auch zusammengefügt, ausgedruckt und professionell gebunden werden.[194]

In ähnlicher Weise können die Lernenden ein *E-Book* gestalten (z. B. mit *BookCreator*), das unter Hinzufügen von Bildern, Videos und Ton (s. o.) zu einem multimedialen und interaktiven Produkt werden kann. Hier geht es darum, einen übersetzten lateinischen Text durch begleitende Informationen und Medien zu kontextualisieren und zu erklären. Auch lateinische Parallel-

192 Zur Erstellung von *Podcasts* in Form fiktiver Radiosendungen vgl. Schmitter 2013.

193 Vorteil von *Notability* ist, dass sich hier sogar Audiokommentare ganz einfach einfügen lassen und so eine multimediale Textaufbereitung in besonderer Form gelingen kann.

194 Gressel 2019, 14 f.

und Zusatztexte sowie sprachlich vereinfachte Texte können einbezogen werden. Durch genaue Vorgaben sollte die Lehrkraft aber dafür sorgen, dass die Material- und Mediensammlung der Lernenden nicht ausufert.[195]

Online-Pinnwände (z. B. *Padlet,* alternativ *ZUMpad*) eignen sich, um Perspektivwechsel vorzunehmen: Die Lernenden formulieren aus der Sicht einer bestimmten handelnden Figur Gedanken, Haltungen und Motive, sowohl um Unterschiede zwischen den Figuren herauszuarbeiten als auch um sich in einen Prozess der ›historischen Kommunikation‹ zu begeben.[196]

Möglich ist auch die Erstellung eines *Blogs,* also einer einem Tagebuch oder Journal vergleichbaren Website, auf der die Verfasser als ›Blogger‹ Informationen, Gedanken, Erfahrungen oder Fotos mit der Öffentlichkeit teilen (›bloggen‹). Die Leser können wiederum diese Beiträge, die zudem durch Kategorien und Wortwolken strukturiert werden, kommentieren und diskutieren. Hier können die Lernenden Text und Werk vorstellen und erläutern, ihren Übersetzungs- und Interpretationsprozess dokumentieren (sozusagen als ›Lesetagebuch‹), in Form von Leserbriefen, Rezensionen oder Kommentaren ihre persönlichen Meinungen austauschen, die Perspektiven der im Text auftretenden Figuren einnehmen, in Kombination der genannten Aspekte eine fiktive römische Online-Zeitung erarbeiten oder allgemein Informationen, Links und Bilder zu Thema, Autor und historischem Hintergrund des Textes sammeln. Abgesehen davon ist auch das Bloggen über die Klassenfahrt in Form eines Reisetagebuchs denkbar sowie – ganz nach dem Ansatz Wilfried Lingenbergs – das Verfassen der Beiträge auf Latein (vgl. Kap. 7.10.).

Auch hier bestehen zahlreiche weitere und alternative Verfahren. So ist auch eine Zeitungsseite mit Textverarbeitungsprogrammen (z. B. *Word, Pages*) erstellbar, eine Reportage mit Folien-Präsentationssoftware (z. B. *PowerPoint, Keynote*).[197]

Grundsätzlich hängt die Wahl von Lernprodukt, Methode und Tool auch von der Medienkompetenzentwicklung der Lernenden ab. Ein Lateinkurs im sechsten Jahrgang sollte sich gewiss zunächst einfachen Textdokumenten widmen, ein Oberstufenkurs kann sich auch in die Funktionen eines *Wordpress*-Blogs einarbeiten. Dafür, dass sich die Lernenden auch durch schriftliche Verfahren digitalgestützt mit dem Text auseinandersetzen können, mögen die genannten Beispiele jedenfalls als Anregungen dienen.

---

195 Gressel 2019, 20 f.

196 Vgl. Doepner/Keip/Kurczyk 2020, 50 f.

197 Vgl. Doepner/Keip 2016, 7.

8.4. Problemorientierte Textvertiefung mit *WebQuests*

Das didaktische Prinzip der Problemorientierung lässt sich besonders gut durch sogenannte *WebQuests* realisieren. In diesen internetgestützten Lehr-Lern-Arrangements *bearbeiten die Lernenden kooperativ und eigenverantwortlich unter Einbezug vorgegebener Informationsquellen ein Problem bzw. eine Fragestellung,* fertigen ein Lernprodukt an und präsentieren dies dann der Lerngruppe.[198] Zugrunde liegt dafür eine von der Lehrkraft eingerichtete Internetseite, das sogenannte *WebQuest*-Dokument, welches ihren Lernprozess anregt und begleitet. Es besteht aus sechs Strukturelementen:

1. einer motivierenden *Einführung* mit Problemaufriss;
2. der übergeordneten *Aufgabenstellung* (je nach Interpretationsverfahren; möglichst zum Anforderungsbereich III);
3. einer Beschreibung des *Vorgehens* (mit den zu erledigenden Teilaufgaben, binnendifferenzierenden Hilfen und Hinweisen zur Lernorganisation);
4. den zur Verfügung gestellten *Ressourcen* (u. a. lateinischer Text mit Kommentar, ergänzende Materialien, Links, Literaturhinweise, zu verwendende Tools);
5. Vorgaben zur *Präsentation* (z. B. mit Bezug auf Methode, Medium, inhaltliche und formale Aspekte);
6. Angaben zu *Bewertung und Evaluation* (Bewertungskriterien der Lehrkraft, Reflexions- und Feedbackmöglichkeiten).[199]

Sogenannte *WebQuest*-Generatoren (z. B. http://www.wirtschaft-lernen.de/webquest/) helfen der Lehrkraft bei der Erstellung, indem lediglich die entsprechenden Formatvorlagen der Seitenbereiche mit Inhalt ›gefüllt‹ werden müssen.[200] Bei der Erstellung eines *WebQuest* sollte die Lehrkraft unter anderem darauf achten, dass die Einführungsseite bei den Lernenden Spannung aufbaut und sie zur Bearbeitung einer konkreten Problemstellung einlädt, dass sich die einzelnen Arbeitsschritte nachvollziehbar am übergeordneten Lernziel orientieren, dass eine geeignete Auswahl an Online- und Offline-Quellen vorgenommen wird und dass die Art und Weise der Präsentation sowie die zugrunde gelegten Bewertungskriterien für die Lernenden transparent sind.[201]

---

198 Raab 2019.
199 Vgl. allgemein Gerber 2007, speziell für den Lateinunterricht Raab 2019, 51 f.
200 Fortgeschrittene können stattdessen auch hervorragend einen *Wordpress*-Blog erstellen.
201 Für Kriterien eines ›guten‹ *WebQuests* im Lateinunterricht im Detail vgl. die Checkliste bei Raab 2019, 49.

Nach der Einteilung der Lernenden in Gruppen arbeiten sie eigenständig am *WebQuest*-Dokument – inklusive der Übersetzung als Teilaufgabe! – und erstellen ihr Lernprodukt für die Präsentation. Am Schluss ist Raum für eine Bewertung durch die Lehrkraft sowie für eine inhaltliche und methodische Reflexion des Lernprozesses durch die Lernenden. Zwischengeschaltete Plenumsphasen (z. B. nach der Übersetzung und der textimmanenten Interpretation) nach dem Prinzip des *Blended Learning* sind notwendig, um Zwischenergebnisse zu sichern und alle Lernenden auf den gleichen Stand zu bringen.

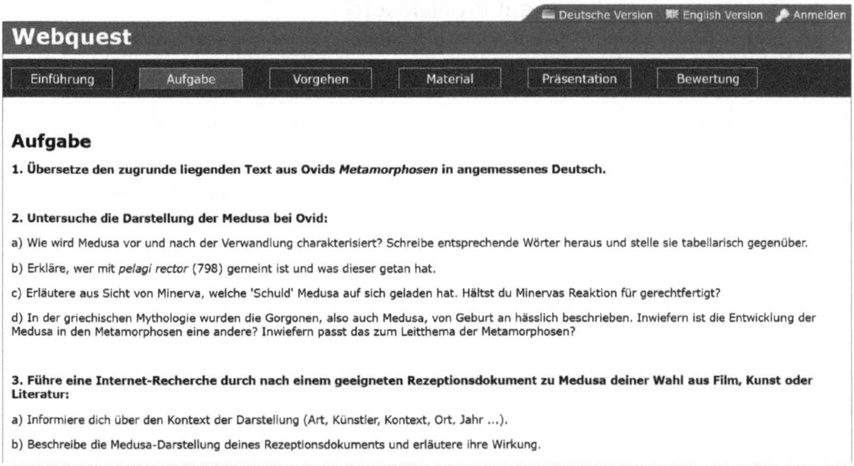

Abb. 13: *WebQuest* zum Medusa-Mythos bei Ovid, erstellt mit dem *WebQuest*-Generator http://www.wirtschaft-lernen.de/webquest/

Im Lateinunterricht können mit *WebQuests* besonders textüberschreitende Interpretationsverfahren angewandt werden. Beispiele:[202]

- Im Rahmen der »historisch-pragmatischen Interpretation« soll der lateinische Text durch das *WebQuest* kontextualisiert werden, etwa mit Blick auf die historischen Hintergründe, die Biografie des Autors, politische Umstände oder den literarischen Zusammenhang. Die Lernenden bearbeiten eine Frage- bzw. Problemstellung zu den Rahmenbedingungen der Werkentstehung.
- Ein *WebQuest* zur »rezeptionsgeschichtlichen Interpretation« strebt einen Vergleich des Textes mit einem Rezeptionsdokument an, indem es Beispiele

202 Vgl. zu den genannten Interpretationsverfahren Doepner 2014, 118–126.

für die Umsetzung antiker Themen und Stoffe in Kunst, Literatur, Musik und Film liefert oder die Lernenden motiviert, das Nachwirken eines lateinischen Textes selbst zu untersuchen.[203]

- Mit einem *WebQuest* zur »gegenwartsbezogenen Interpretation« können die Lernenden aktuelle Beispiele oder Fälle finden, um eine Problematisierung, Diskussion und Reflexion der Textaussagen vorzunehmen sowie um Position zu beziehen.

Doch wie unterscheiden sich *WebQuests* von einer Internetrecherche, bei der die Lernenden eine Linkliste ausgehändigt bekommen? Tatsächlich muss noch einmal hervorgehoben werden: *WebQuests* sind als längerfristig angelegte Lehr-Lern-Arrangements zu verstehen, sie tragen eine ganze Unterrichtsreihe: Von einer anfangs aufgeworfenen Frage- oder Problemstellung über Texterschließung, Übersetzung, Interpretation und Recherchetätigkeiten bis zur Gestaltung und Präsentation eigener Lernprodukte sowie zur Reflexion und Bewertung des Lernprozesses – sie führen die Lernenden wie ein roter Faden klar und nachvollziehbar durch alle notwendig zu bearbeitenden Lernschritte. Hierbei wandelt sich denn auch die Rolle der Lehrkraft, die die Lernenden als ›Lernbegleiter‹ bei der aktiven und selbstgesteuerten Gestaltung ihres Lernprozesses unterstützt. Richtig ist, dass bei *WebQuests* ebenso wie bei Internetrecherchen durch eine Auswahl von Links eine didaktische Reduktion vorgenommen wird. Gleichzeitig ist es aber möglich, dass die Lernenden im Rahmen selbstständiger Recherche auch weitere Quellen finden und hinzuziehen können.

Neben einer hohen Inhalts-, Prozess- und Zieltransparenz (z. B. durch eine die Unterrichtsreihe tragende Aufgabenstellung, einen sinnstiftenden Arbeitsprozess, klar kommunizierte Bewertungskriterien) vereinen *WebQuests* viele weitere Vorzüge: Sie ermöglichen eine Binnendifferenzierung nach Interessen (durch die Wahl eigener Schwerpunkte, kreativ-produktives Arbeiten), Lerntempo (durch selbstgesteuertes Lernen) und Kompetenzniveau (durch optionale Hilfen, Tipps und das Angebot einer Linkliste). Durch die Arbeit der Lernenden mit authentischen und aktuellen Quellen kann ein Beitrag zur Wissenschaftspropädeutik geleistet werden. Damit verbunden können Gegenwartsbezüge realisiert und somit das didaktische Prinzip der Gegenwartsorientierung erfüllt werden. Auf medialer Ebene werden analoge und Online-Materialien (z. B. gedruckte Bücher und Internetquellen) sinnvoll kombiniert. Neben dem Ausbau ihrer Text- und Kulturkompetenz können die Lernenden verschiedene Medienkompetenzen entwickeln, im Bereich der Recherche etwa *Relevante*

203 Vgl. hierbei das Beispiel von Raab 2019 zur Rezeption des Medusa-Mythos von Ovid.

Quellen identifizieren und zusammenführen, im Bereich der Produktion *Informationen, Inhalte und vorhandene digitale Produkte weiterverarbeiten und in bestehendes Wissen integrieren.* Mit der Beachtung rechtlicher Vorgaben trainieren die Lernenden zusätzlich die Kompetenz *Urheber- und Nutzungsrechte (Lizenzen) bei eigenen und fremden Werken berücksichtigen.* Außerdem ist ganz einfach eine Umsetzung fächerübergreifenden Lernens (z. B. mit Kunst-, Geschichts-, Politikunterricht) möglich.

Insgesamt bieten *WebQuests* durch ihre Didaktisierung eine sinnvolle Möglichkeit für den Einsatz digitaler Medien im Lateinunterricht, gerade wenn der lateinische Text Problemstellungen beinhaltet, mit denen eine gegenwarts- und schülerorientierte Auseinandersetzung gelingen soll.

8.5. PDF-Bearbeitungen von Rezeptionsdokumenten

Bereits einfache PDF-Bearbeitungsprogramme (z. B. *GoodNotes, Notability*) können die *Analyse von Rezeptionsdokumenten* unterstützen – hier geht es insbesondere um den Text-Bild-Vergleich. Zum Text passende Abbildungen von Gemälden, Statuen oder auch Filmszenen werden von den Lernenden dort eingefügt und bearbeitet. So können sie etwa

- dem Bild bestimmte lateinische Sätze bzw. Verse oder Textpassagen zuordnen,
- das Bild mit lateinischen Begriffen aus dem Text beschriften oder
- Unterschiede oder Gemeinsamkeiten zwischen Text und Bild (z. B. formale und inhaltliche Elemente) markieren, beschreiben und Abweichungen (z. B. Ergänzungen, Auslassungen) herausarbeiten.[204]

In der Regel sind hier auch ergänzende Informationen zum kunsthistorischen Hintergrund notwendig (z. B. zu Künstler, Epoche, Darstellungsabsicht, Kompositionsprinzipien). Die Ergebnisse dieser Analyse und der sich anschließenden Deutung und Bewertung werden dann der Lerngruppe präsentiert.

Neben einem Bewusstsein für das ›Weiterleben‹ der Antike können die Lernenden durch die Anwendung solcher visuellen Techniken die Kompetenz *Eine Vielzahl von digitalen Werkzeugen kennen und kreativ anwenden* trainieren.

204 Vgl. Gressel 2019, 28 f.

8.6. Antike-Rezeption in Filmen und Serien

Da es heute ohne Probleme möglich ist, online auf *YouTube*, über Streamingdienste (z. B. *Netflix*), in den Mediatheken der Fernsehsender oder schlicht über DVD oder Blu-ray ganze Filme zu schauen, soll auch dieser Bereich nicht ausgespart bleiben. Doch wozu eigentlich Filme im Lateinunterricht?[205] Folgende didaktische Funktionen scheinen zentral:

1. *Einführung in ein Thema* (z. B. Hinführung zum Text, Problematisierung);
2. *Vertiefung des gelesenen Textes* (etwa durch Text-Film-Vergleich oder Thematisierung neuer Aspekte und Sichtweisen);
3. *Filmkritik* (z. B. zum Bild der Antike, zur Filmhandlung).

Grundsätzlich können Spielfilme bei den Lernenden Betroffenheit erzeugen und ihnen gewissermaßen ein Erleben der Antike ermöglichen, Themen und Probleme vermitteln und ihre Wissensbestände auszubauen helfen, sie unterhalten und vielleicht auch ein wenig in den Bann ziehen. Die hier zum Tragen kommende Filmgattung ist die des sogenannten ›Antikfilms‹, der ganz allgemein »Filme mit antiken Inhalten« bezeichnet und damit auch Subgenres (wie Musikfilme oder Literaturverfilmungen mit antiken Inhalten) miteinschließt.[206]

Die Auswahl an Spielfilmen ist immens, angefangen bei den Filmklassikern wie *Quo Vadis* (1951), *Ben Hur* (1959), *Spartacus* (1960) und *Cleopatra* (1963). Doch auch nach der Jahrtausendwende ist die Reihe der Antikfilme munter fortgesetzt worden, etwa mit *Gladiator* (2000), *Troja* (2004), *Alexander* (2004), *Die letzte Legion* (2007), *300* (2007), *Der Adler der neunten Legion* (2011) oder *Pompeii* (2014).[207]

Selbst Streamingdienste wie *Netflix* bieten Serien wie *Troja – Untergang einer Stadt* (2018) oder *Barbaren* (2020) an. Serien zur Antike sind ohnehin nicht selten, denken wir nur an das aufwändig produzierte *Rome* (2005–2007, 22 Episoden) oder an die auf ARTE ausgestrahlte Fernsehserie *Odysseus* (2013, 12 Episoden).

Ebenfalls im Unterricht behandelt werden können Filme zur Antike-Rezeption, etwa *O Brother, Where Art Thou? – Eine Mississippi-Odyssee* (2000), oder auch Filme mit antiken Subtexten wie *Star Wars,* um einen Vergleich mit dem Dekadenzmodell bei Sallust und Tacitus anzustreben. Selbst Fernsehserien wie *American Odyssey* oder *Prison Break* lassen sich im Unterricht einbeziehen.[208]

---

205 Zur inhaltlichen Legitimation des Filmeinsatzes vgl. Glücklich 2018.
206 Wieber 2005a, 7 ff.; die Bezeichnung für Filme zur Antike ist uneinheitlich (ebd.).
207 Eine Übersicht zu Antik-Filmen und dazu passenden Textstellen bietet Gressel 2019, 37; zur Geschichte des Antikfilms vgl. Wieber 2005b.
208 Zu den genannten Beispielen vgl. Heckel 2005, Simons 2007 und Simons 2019/2020.

Für Unterrichtseinstiege eignen sich wohl weniger ganze Filme – hier besteht auch die Gefahr einer Vorwegnahme der Texthandlung – als vielmehr kurze Filmausschnitte, die zum lateinischen Text inhaltlich hinführen, eine Leitfrage oder Problemstellung aufwerfen und sich auch nach der Übersetzung für einen Vergleich eignen (Rückbezug zum Einstieg). Generell scheint es wegen der (Über-) Länge mancher Filme ratsam, Ausschnitte zu zeigen und den Lernenden die restliche Filmhandlung als kurze Zusammenfassung beizugeben. Mithilfe solcher Filmausschnitte kann ein Film übrigens auch lektürebegleitend eingesetzt werden.

Ob ein Film nur in Teilen oder vollständig angesehen wird, hängt freilich von der didaktischen Intention ab. Grundsätzlich sind neben didaktischen Überlegungen (z. B. zur Funktion im Übersetzungsprozess) auch technische und rechtliche Aspekte (z. B. Altersfreigabe) zu beachten. Vor allem ist vorher seine Eignung für die Lerngruppe zu prüfen (z. B. Verständlichkeit, emotionale Anforderungen).

Auch wenn Filme gerne kurz vor Ferienbeginn spontan abgespielt werden, sollten sie doch stets vorbereitet und ausgewertet werden. Beispielsweise können im Vorfeld Vorwissen und Meinungen der Lernenden abgefragt oder Beobachtungsaufgaben verteilt werden, die sie während des Filmschauens bearbeiten (z. B. auf Rollen, Handlungen oder filmische Mittel zu achten). Die Möglichkeiten der Nachbereitung sind vielfältig: Die Lernenden können ihre Ergebnisse sammeln, diskutieren und offene Fragen klären, Gedanken und Eindrücke zum Filmerleben austauschen, Position beziehen oder sogar handlungsorientierte, kreativ-produktive Verfahren wählen, indem sie etwa den Film weitererzählen, einen neuen Schluss erfinden oder mit Filmaussagen und -deutungen künstlerisch umgehen.

Zentral bleibt die inhaltliche Auseinandersetzung, indem die Lernenden *Informationen und Aussagen aus dem Film herausarbeiten*. So könnte sich gemäß der ersten Funktion eine Problemstellung ergeben, die durch den Text bearbeitet werden soll. Im Rahmen der textüberschreitenden Interpretation sollen *Text und Film miteinander in Beziehung gesetzt* werden. So können die Lernenden nach dem Verfahren der »rezeptionsgeschichtlichen Interpretation« etwa die Darstellungen vergleichen und das Nachwirken eines Textes, Motivs oder Themas untersuchen. Auf keinen Fall darf eine *filmkritische Auseinandersetzung* fehlen, etwa hinsichtlich der historischen Genauigkeit oder des vom Film transportierten Bildes der Antike. Genauso können Ergebnisse des Text-Film-Vergleichs (Übereinstimmungen, Unterschiede) Gegenstand der Filmkritik sein – hier können die Lernenden dann eine eigene Rezension verfassen und so eine Bewertung der filmischen Umsetzung vornehmen.[209] Übrigens kann auch die

209 Vgl. das Vorgehen bei Gressel 2019, 36 f.

Analyse filmsprachlicher Mittel den Schwerpunkt bilden, obgleich dies kein Lernziel des altsprachlichen, sondern eher des modernen Sprachunterrichts ist (z. B. *film literacy* im Englischunterricht).[210] So kann man dafür auch Anleihen bei der Englischdidaktik nehmen. Hier sind denn auch fächerübergreifende Unterrichtsprojekte möglich.

Im Unterricht können Antikfilme durch Erzeugen von Empathie und die Plastizität der Darstellung das Lernen effektiv unterstützen.[211] Sie können aufgrund ihrer verschiedenen Funktionen in vielfältiger Weise in den Unterricht integriert werden, ihn bereichern und den Lernenden eine willkommene Möglichkeit bieten, die Antike als »reale« Welt zu erfahren. Das bringt gleichsam aber auch Probleme mit sich. Denn Filme als »Vermittler von Antike« richten sich meist an Jugendliche, transportieren aber häufig ein konservatives, vereinfachtes und veraltetes Bild der Antike, das Erkenntnissen der altertumswissenschaftlichen Forschung entgegensteht.[212]

Daher ist eine kritische Reflexion unabdingbar, womit Medienkompetenzen wie *Gestaltungsmittel von digitalen Medienangeboten kennen und bewerten* sowie *Wirkungen von Medien in der digitalen Welt (z. B. mediale Konstrukte, Stars, Idole, mediale Gewaltdarstellungen) analysieren und konstruktiv damit umgehen* verbunden sind. Nicht zuletzt trägt der Einbezug von Filmen auch der Kompetenz *Vielfalt der digitalen Medienlandschaft kennen* Rechnung.

---

210 Zur Arbeit mit Filmen im Englischunterricht vgl. etwa Nünning/Surkamp 2010.
211 Vgl. hier und im Folgenden Wieber 2005a.
212 Vgl. Wieber 2005a, 4.

9. Digitale Medien zur Sachkunde *(Res Romanae)*

9.1. Die Internetrecherche

Die Internetrecherche gehört zu den ›Klassikern‹ unter den Einsatzmöglichkeiten digitaler Medien im Lateinunterricht. Ziel ist, dass die Lernenden aus Internetquellen Sachinformationen herausarbeiten, um ausgehend vom Text *ein sachkundliches Thema zu vertiefen* (z. B. römische Topografie, Freizeit und Alltag in Rom, römisches Germanien) oder *einen Text zu kontextualisieren* (z. B. Biografie des Autors, historischer Hintergrund, Werkentstehung). Die Recherche kann im Unterricht selbst oder als Hausaufgabe erfolgen. Ausgangspunkt ist wie immer der lateinische Text.

Was einfach klingt, war schon früh Gegenstand fachdidaktischer Diskussion. So beklagte man etwa, dass das Internet per se nicht ›didaktisiert‹ ist und im Widerspruch zu den sonst in der Schule didaktisch und methodisch aufbereiteten Lernmedien steht, man problematisierte die unzureichende Eignung von Internetquellen (z. B. nicht altersgerecht, nicht aktuell, fehlende Belege, geringe inhaltliche Qualität), die Anonymität der Autoren und eine Informationsüberflutung für die Lernenden.[213]

Auch wenn die Qualität des Angebots (gerade im Bereich Klassischer Philologie), der wissenschaftliche Anspruch vieler Internetseiten, die Darstellungsqualität oder auch der Anteil kindgerechter Inhalte gestiegen sind, bleiben doch zumal in Zeiten von *Fake News* grundsätzliche Fragen bestehen: Wie kommt man zu sachlich korrekten Informationen? Welche Quellen sind vertrauenswürdig und verlässlich? Und woran erkennt man dies?

Im schulischen Kontext kommt der Lehrkraft hierbei eine zentrale Rolle zu. Sie muss die Lernenden bei der Internetrecherche unterstützen, etwa indem sie die Lernenden anfangs gezielt dazu anleitet, indem sie mit ihnen Recherche-

---

213 So etwa SCHAREIKA 2002a, 7–10.

strategien und Relevanz-Kriterien erarbeitet und sie Quellenkritik üben lässt.[214] Auf keinen Fall sollten die Lernenden einfach ›drauflossurfen‹. Sie müssen lernen, die »richtigen Fragen« zu stellen, um Internetseiten beurteilen zu können.[215] Ein paar Beispiele:[216]

Inhaltliche Kriterien:
- Wirkt die Internetseite seriös?
- Sind die dargebotenen Informationen stimmig und korrekt? (Vergleich mit anderen Seiten/Texten nötig!)
- Ist die Internetseite für meinen Verwendungszweck geeignet?

Formale Kriterien:
- Finde ich ein vollständiges Impressum auf der Website?
- Wird die Herkunft der Abbildungen angegeben?
- Werden die Bilder erläutert?
- Ist der Text formal korrekt (Rechtschreibung, Zeichensetzung, sprachlicher Ausdruck, Fachbegriffe)?
- Gibt es vollständige und nachvollziehbare Quellenangaben zu den behaupteten Tatsachen?

Autorbezogene Kriterien:
- Ist der Verfasser bzw. die Verfasserin mit vollständigem Namen zu erkennen?
- Ist die Kompetenz des Autors bzw. der Autorin ersichtlich? Wer ist das bzw. welche Reputation hat er bzw. sie?

Übrigens ist es gerade bei jüngeren Jahrgängen nicht verkehrt, wenn die Lehrkraft geeignete Suchmaschinen vorgibt, z. B. *Blinde Kuh* (https://www.blindekuh.de/index.html) oder *fragFinn* (https://www.fragfinn.de/). Drei Varianten der Arbeit mit Internetquellen kommen infrage, die in Partner- oder Gruppenarbeit stattfinden können:[217]

1. *Freie Suche der Lernenden:* Hier sollen die Lernenden mithilfe von Suchmaschinen geeignete Quellen finden und die bereits erarbeiteten Recherchestrategien und Relevanz-Kriterien dabei eigenständig anwenden. Vorbereitend

214 Wichtige Hinweise geben auch die Seiten https://www.schau-hin.info/ und https://www.klicksafe.de/, die zur sensiblen und kompetenten Nutzung von Online-Medien anleiten.

215 Schareika 2002a, 9; ders. begreift Medienkompetenz als »Fragekompetenz« (ebd.).

216 In Anlehnung an Bechthold-Hengelhaupt 2007, 336 und Schubert 2002.

217 In Anlehnung an Thies 2002a.

können sie geeignete Suchbegriffe entwickeln oder einzelne Suchaspekte untereinander aufteilen. Hilfreich ist auch die Formulierung einer Fragestellung für die Suche, damit die Lernenden ihre Suchergebnisse systematisch auf ihre Passung prüfen können.[218] Am besten gibt die Lehrkraft auch ein Zeitlimit sowie die Anzahl der zu durchsuchenden Quellen vor.

2. *Angeleitete Suche der Lernenden:* Die Recherche der Lernenden wird durch die Lehrkraft wesentlich unterstützt, indem sie etwa eine *Linkliste,* also eine Auswahl geeigneter Internetadressen, zur Verfügung stellt oder die *Suchbegriffe* vorgibt.
3. *Keine Suche* – die Lernenden arbeiten mit denjenigen Internetmaterialien, die die Lehrkraft den Lernenden ausgibt.

Welches Verfahren gewählt wird, ist vom Lernziel, aber auch der Quellensituation abhängig. Eine ›Vorrecherche‹ der Lehrkraft ist in der Regel immer notwendig. Die Erstellung einer *Linkliste* bietet sich insbesondere dann an, wenn die Informationen von Lernenden schwer zu finden sind, wenn die üblicherweise genutzten Internetseiten fehlerhaft oder inhaltlich zwar korrekt, doch für Kinder und Jugendliche zu komplex und kaum verständlich sind und bestimmte Alternativen genutzt werden sollen.

Ein gutes Beispiel, um die Lernenden zur selbstständigen Suche anzuleiten, liefert Dietrich Stratenwerth: Auf einem *Recherchebogen,* der die einzugebenden Suchbegriffe benennt, sollen die Lernenden inhaltliche Detail-Fragen zu einem bestimmten Thema passgenau beantworten. Dafür müssen sie mindestens zwei verschiedene Internetseiten besuchen und als Quelle notieren. So lernen sie übrigens auch, eine saubere Quellenarbeit zu leisten und in den von ihnen zu formulierenden Texten eine korrekte Zitation anzuwenden. Die Beantwortung des Fragenkatalogs hat den Vorteil, dass sich die Lernenden mit ihren Quellen inhaltlich auseinandergesetzt und die Informationen verstanden haben müssen. Ein *Copy-Paste*-Verfahren, also ein bloßes Abschreiben ganzer Texte, wird dadurch unmöglich.[219]

Je nach Thema und Aktualität können ganz unterschiedliche Arten von Internetquellen infrage kommen: Neben Online-Enzyklopädien (z. B. *Wikipedia*), Online-Zeitungen und Nachrichten, Wissenschaftsmagazinen, Online-Materialien von Schulbuchverlagen und digitalen Angeboten von Museen können besonders Wissensseiten für Kinder (z. B. https://www.kinderzeitmaschine.de/, https://www.wasistwas.de/home.html) sowie gut verständliche private Latein-

218 Vgl. Schaumburg 2020, 12 f.
219 Stratenwerth 2016.

Websites genutzt werden. Letztere sind jedoch besonders auf sachliche Korrektheit und Aktualität zu prüfen. Auch Audio-Beiträge (z. B. *Podcasts*) und *YouTube* (z. B. *MrWissen2Go*) bieten nützliche Sachinformationen. Hervorzuheben ist die Plattform *Planet Wissen* von SWR und WDR (https://www.planet-wissen.de/geschichte/antike/), auf der verschiedene Themen zur antiken Welt unter Einbezug von Text-, Bild- und Videomaterial hervorragend aufbereitet werden. Auch bietet der *Landesbildungsserver Baden-Württemberg* einen reichen Fundus an Materialien und Texten (https://www.schule-bw.de/faecher-und-schularten/sprachen-und-literatur/latein/antike-kultur), insbesondere eine Synopse zur römischen Geschichte und Literaturgeschichte und sogar eine interaktive Zeitleiste.

Im Anschluss an ihre Recherchearbeit sollen die Lernenden in Partner- bzw. Gruppenarbeit oder im Plenum ihre Internetquellen vorstellen und sie kriteriengeleitet bewerten. Dabei benennen sie problematische Quellen und begründen dies. Eine solche Quellenkritik gehört zu jeder Internetrecherche – erst danach beginnt eine inhaltliche Auseinandersetzung.

Die Möglichkeiten der Weiterarbeit sind vielfältig und zahlreich: So können die Lernenden ihre Ergebnisse für die Lerngruppe etwa als digitale Folien-Präsentation (z. B. mit *PowerPoint, Keynote*), als Handout mit Bildern (z. B. mit *Word, Pages*) oder auch als Audio- oder Videoprodukt (vgl. Kap. 9.7.) aufbereiten. Die Lernenden werden hier nicht mehr als Rezipienten, sondern als Produzenten tätig – auch das ist ein Charakteristikum der Methode ›Internetrecherche‹. Je nach didaktischer Intention können die Rechercheergebnisse auch für die kreative Weiterarbeit genutzt werden (vgl. Kap. 8.3.). Natürlich darf das Quellenverzeichnis nicht fehlen.

Insgesamt ist die Internetrecherche ein nicht zu unterschätzendes Unterfangen, das aber zahlreiche Chancen bietet: Im Sinne der Wissenschaftspropädeutik werden Quellenarbeit und Quellenkritik sowie der korrekte Umgang mit Zitaten geübt, die erarbeiteten Informationen bilden die Grundlage für produktive Verfahren zur Präsentation, und die Internetrecherche lässt sich auch mit anderen Tools bzw. Aufgaben verbinden, bspw. der Arbeit mit digitalen Karten (vgl. Kap. 9.3.) oder interaktiven, multimedialen Lernangeboten (vgl. Kap. 9.5.).

Die zu fördernden Medienkompetenzen betreffen damit erstens den Bereich der Suche, also *Arbeits- und Suchinteressen klären und festlegen, Suchstrategien nutzen und weiterentwickeln* und *Relevante Quellen identifizieren und zusammenführen.* Im Rahmen der Auswertung und Quellenkritik kommen zweitens Kompetenzen wie *Informationen und Daten analysieren, interpretieren und kritisch bewerten* und *Informationsquellen analysieren und kritisch bewerten* hinzu. Zur Weiterarbeit mit den Quellen sollten die Lernenden drittens *Referenzierungspraxis beherrschen (Quellenangaben)* trainieren.

9.2. Animationen, Simulationen, *Virtual* und *Augmented Reality*

Dem gedruckten Medium sind digitale Medien darin überlegen, dass sie bewegte *Animationen* und multimediale *Simulationen* ermöglichen, eine gänzlich künstliche Umgebung schaffen (*Virtual Reality*, VR) oder die Wirklichkeit durch virtuelle Inhalte erweitern können (*Augmented Reality*, AR). Somit kann die antike Welt rekonstruiert und von den Lernenden authentisch, anschaulich und lebensecht wahrgenommen und erfahren werden. Sie können sich so unmittelbar in die Lebens- und Erfahrungswelt antiker Menschen hineinbegeben, einen Vergleich mit der eigenen Gegenwart anstellen oder das Nachwirken römischer Kunst und Kultur nachvollziehen. Dies steigert nicht nur ihre Motivation und spricht mehrere Lernkanäle an, sondern fördert auch ihr Bewusstsein für zeitlichen Wandel.

Abb. 14: Die *Curia Iulia*, rekonstruiert vom *Digitalen Forum Romanum*

Insbesondere zum Bereich der römischen Topografie stellt das Internet zahlreiche Animationen und Simulationen bereit. Das *Digitale Forum Romanum* (http://www.digitales-forum-romanum.de), ein Projekt der Humboldt-Universität Berlin, rekonstruiert das Forum Romanum zu verschiedenen Zeiten des römischen Reiches. Hier lassen sich die Bauwerke des Forums auf einer Karte anklicken, die nach dem aktuellen Stand der Wissenschaft durch Bilder aus mehreren Perspektiven visualisiert und durch Informationstexte erläutert werden. In kurzen Videos, die auch auf *YouTube* eingestellt sind, können die Lernenden das Forum aus Sicht antiker Menschen betrachten, die antike Platzanlage mit der heutigen Ausgrabungsstätte vergleichen oder den Wandel des Forums durch die Jahrhunderte erleben (http://www.digitales-forum-romanum.de/multimedia/animationen-filme/).

Ein virtueller Rundgang durch Rom im Jahre 320 n. Chr. in 3D-Animation lässt sich mit dem *Virtual-Reality*-Projekt *Rome Reborn* (https://www.romereborn.org/) realisieren. Ungeachtet der kostenpflichtigen Produkte (z. B. zu den Kaiserforen), zu denen man aber die Bildergalerien und Trailer nutzen kann, können die Lernenden schon durch *YouTube*-Videos im Überflug zentrale Bauwerke und vor allem das Forum Romanum kennenlernen sowie Einblicke ins Innere einiger Gebäude erhalten.[220] In 3D-Ansichten antiker Statuen, Skulpturen und Objekte können die Lernenden schließlich einen digitalen Museumsbesuch unternehmen und sich fast hautnah mit diesen Ausstellungsstücken auseinandersetzen (https://www.romereborn.org/content/sculptures). Generell machen immer mehr Museen digitale Angebote, die online in der Regel kostenfrei nutzbar sind. Obschon solche virtuellen Besichtigungen eine reale Exkursion mit der Lerngruppe nicht ersetzen können, können sie gut zu ihrer Vorbereitung dienen.[221]

Simulationen wie die VR-Fiktion *360° Pompeji* von ARTE (https://www.arte.tv/digitalproductions/de/360-pompeji-hautnah-beim-ausbruch-vesuvs/) lassen die Lernenden etwa den Ausbruch des Vesuv 79 n. Chr. lebensnah am Beispiel von Betroffenen miterleben: Sie können im Film herumscrollen oder sogar, wenn sie ihr Tablet entsprechend bewegen, das Geschehen von allen Seiten betrachten.

Auf *YouTube* findet man in der Regel zwar nicht derartige *Virtual-Reality*-Formate, jedoch weitere virtuelle Rundgänge und Animationen antiker Stätten in filmischer Form. Beispielsweise besichtigen die Lernenden zum Thema Pompeji ein Haus vor dem Vulkanausbruch, überfliegen die rekonstruierte Stadt und wichtige Bauwerke oder erleben einen Vergleich zwischen der heutigen und der antiken Welt, indem moderne Ansichten der Ausgrabungsstätte in animierte Rekonstruktionen einer bunten und blühenden Stadt münden.[222]

---

220 Überflug über die Stadt Rom: https://www.youtube.com/watch?v=vrIEwjgfbYs *(Rome Reborn 2.2)*; über das Forum Romanum: https://www.youtube.com/watch?v=pA4SG9amhTE; Trailer zum Kolosseum: https://www.youtube.com/watch?v=SX5b6Eu6Fag (Zugriff: 24.08.2021).

221 Vgl. dazu Gressel 2019, 30 f.; zu virtuellen ›Vorerkundungen‹ auch mithilfe von *Google Earth* vgl. Puschmann 2020, 21.

222 Vgl. »Walk around in a 3D splendid house from the ancient Pompeii«: https://www.youtube.com/watch?v=ETd7pszxhnc; »Pompei reconstruite«: https://www.youtube.com/watch?v=W30UvakY5p4; »Pompei Then and now«: https://www.youtube.com/watch?v=IDCVcuVR5w8 (Zugriff: 21.08.2021).

Ebenso können Apps helfen, die antiken Stätten wieder sichtbar zu machen – im Falle des Limes beispielsweise die App *Virtuelle Limeswelten Mobil.* Bei einer Erkundung vor Ort können anhand von GPS-Verortung auf dem digitalen Endgerät aus Mauerresten virtuell etwa Wachtürme und Kleinkastelle entstehen – Karten, Texte, Bilder und Filme ergänzen das Angebot. Auf der gleichnamigen Internetplattform (http://www.limeswelten.de/videos) erläutern Videos das Bauwerk und das Alltagsleben der Menschen oder die archäologischen Hintergründe. Es dürfte wohl nicht mehr lange dauern, bis die Lernenden auch über sogenannte VR-Brillen vom Klassenzimmer aus in die Antike eintauchen und Orte und Bauwerke betrachten können. Welches Potenzial liegt darin für den Lateinunterricht, wenn die Lernenden zum Beispiel das Forum Romanum in 360 Grad virtuell besichtigen und ablaufen können![223]

Abb. 15: Römische Straßenszene von *Rome Reborn* 2.0 (*YouTube*)

Selbst Ansätze von *Augmented Reality* bestehen bereits für den Lateinunterricht, etwa indem analog vorliegende Dokumente oder Bilder mithilfe bestimmter Apps mit sogenannten *Overlays* belegt und dadurch mit weiteren Texten, Bildern oder Links virtuell verknüpft werden.[224] Werden sie nämlich von den Lernenden mittels der Kamerafunktion eines Tablets gescannt, werden ihnen darauf diese

223 Erste Ansätze dafür bei Puschmann 2020.
224 Vgl. zur Arbeit mit *Overlays* Gressel 2019, 24f. sowie Puschmann 2020, 24.

Zusatzinformationen angezeigt. So kann beispielsweise ein Stationenlernen zu sachkundlichen Themen unterstützt werden. Künftig kann AR auch dazu führen, Darstellungen in Schulbüchern durch künstliche Elemente zu ergänzen, etwa durch 3D-Ansichten, weitere Informationstexte oder Hilfestellungen. Dass sich mit AR interaktive Lernarrangements zu lateinischen Texten gestalten lassen, hat Anna-Christina Greuel am Beispiel von Caesar gezeigt.[225]

Unterrichtlich eingesetzt werden solche Animationen, Simulationen, VR- und AR-Darstellungen in der Regel zur *Erarbeitung von Informationen* – meist in Kombination mit einer Internetrecherche – und zur *vertiefenden Auseinandersetzung mit einem Thema oder einer Textstelle,* etwa damit die Lernenden sich Ort und Umgebung, Situation und Zeit vergegenwärtigen oder topografische Entwicklungen nachvollziehen können. Ein Vergleich mit der Gegenwart sollte nicht fehlen. Damit sind Medienkompetenzen wie *In verschiedenen digitalen Umgebungen suchen* sowie *Effektive digitale Lernmöglichkeiten finden, bewerten und nutzen* verbunden.

Bei den genannten, aus privater Initiative heraus entstandenen Animationen und Simulationen bleibt jedoch die Frage offen, inwieweit sie dem aktuellen Forschungsstand entsprechen. Dies kann an dieser Stelle nicht beurteilt werden. Gerade mit Blick auf Projekte wie *Rome Reborn* oder vergleichbare *YouTube*-Videos wäre das aber wichtig. Vielleicht entsteht irgendwann eine Sammlung wissenschaftlich geprüfter und didaktisch funktionaler Angebote, die problemlos im Unterricht eingesetzt werden können.

Ein wunderbarer Nebeneffekt besteht übrigens in einer positiven Außenwirkung des Faches Latein, das offensichtlich modernste Tools einsetzt, um die Antike erfahrbar zu machen. Wenn sich schon AR-Apps wie *Pokémon Go* größter Beliebtheit bei Kindern und Jugendlichen erfreuen, was kann dann AR erst zu antiken Themen leisten? Aber, so schön das alles klingt, es muss eines feststehen: Ein echter Museumsbesuch oder eine echte Erkundung wird durch solche Tools nicht ersetzt. Hier sind Exkursionen und Klassenfahrten nach wie vor wichtig – oder sogar wichtiger denn je.

9.3. Digitale Karten

Digitale Karten können im Lateinunterricht zwei Funktionen erfüllen, die beide in der Regel mit der Erarbeitung von Informationen im Rahmen einer Internetrecherche verbunden sind:

225 Greuel 2019/2020.

1. Die Lernenden *kontextualisieren einen lateinischen Text,* indem sie anhand digitaler Karten die Topografie einer darin genannten Stadt oder Gegend erarbeiten oder zentrale Orte begehen und beschreiben. Dabei sollte auch zur Gegenwart Bezug genommen werden. Dies eignet sich insbesondere zur Vorbereitung von Exkursionen.[226]
2. Die Lernenden *setzen sich mit geografischen Angaben, Routen oder Wegbeschreibungen,* die im lateinischen Text gemacht wurden, *auseinander,* indem sie sie etwa auf digitalen Karten identifizieren und nachverfolgen, auf Korrektheit prüfen oder sie mit heutigen Gegebenheiten vergleichen. Ob diese aus dem historischen oder mythischen Bereich stammen, spielt dabei keine Rolle.[227]

Für das erste Ziel können Kartendienste (z. B. *Google Street View, Google Maps*) genutzt werden. Auf der Plattform *segu-Geschichte,* die solche Kartendienste unter interaktiven Lernmodulen integriert, können die Lernenden beispielsweise nach einer virtuellen Besichtigung des Kolosseums ihre Eindrücke dazu sammeln, das Bauwerk beschreiben, seine Funktionen und Entwicklung erläutern und aktuelle Bezüge vornehmen (https://segu-geschichte.de/kolosseum/) – ideal bei einer Lehrbuchlektion zum römischen Amphitheater. In ähnlicher Weise können sie, etwa nach der Lektüre entsprechender Pliniusbriefe, unter Verwendung von *Google Maps* oder *Google Street View* die Ausgrabungsstätte von Pompeji besuchen und einen Rundgang unternehmen, um typische Gebäude und zentrale Orte zu entdecken, den Alltag der Menschen herauszuarbeiten und sich mit der Ausgrabungsgeschichte auseinanderzusetzen (https://segu-geschichte.de/pompeji/). Allgemein finden sich zu den meisten Ausgrabungsstätten Pläne und Karten im Internet, mit denen sich die Topografie beschreiben lässt (z. B. digitale Ausgrabungsführer). Auch auf Plattformen wie dem *Landesbildungsserver Baden-Württemberg* werden Landkarten und Stadtpläne zur antiken Welt gesammelt (https://www.schule-bw.de/faecher-und-schularten/sprachen-und-literatur/latein/internetadressen/roemische-geschichte/landkarten). Übrigens lassen sich gefilmte Stadtrundfahrten aus heutiger Zeit auf *YouTube* einbeziehen.

Für das zweite Ziel eröffnet die lateinische Literatur zahlreiche Beispiele: seien es Hannibals Weg über die Alpen, Aeneas' Reise von Troja bis nach Latium, Odysseus' Irrfahrten auf dem Mittelmeer, der Verlauf des Limes oder Caesars Marschrouten – alles dies lädt die Lernenden ein, antike Orte kennenzulernen und einzuordnen, eine detaillierte Wegbeschreibung zu erarbeiten, den wahr-

226 Vgl. zur Vorbereitung von Exkursionen, auch von Museumsbesuchen Gressel 2019, 30 f.
227 Vgl. Gressel 2019, 32 f.

scheinlichsten Routenverlauf zu bestimmen und moderne Pendants zu entdecken. Neben dem Verlauf können sie beispielsweise die ungefähre Dauer eines Weges beurteilen und dies einer heutigen Reiseroute bzw. -dauer gegenüberstellen. Dazu können der antike Routenplaner *Orbis* der Universität Stanford (https://orbis.stanford.edu/) oder jener von *Omnes Viae* (https://omnesviae.org/de/) genutzt werden – und eben moderne Kartendienste wie *GoogleMaps* oder *Google Earth.*

Eine solche Mediennutzung entspricht der Medienkompetenz *Eine Vielzahl von digitalen Werkzeugen kennen und kreativ anwenden.*

Abb. 16: Virtuelle Erkundung von Pompeji mit *Google Street View*

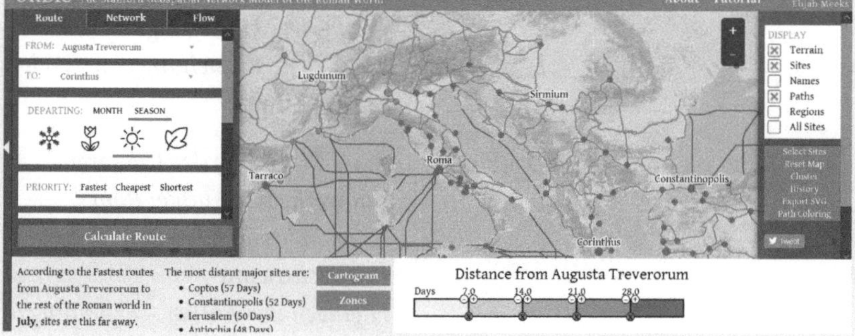

Abb. 17: Römischer ›Routenplaner‹ *Orbis*

9.4. Dokumentarfilme

Dokumentarfilme zur Antike gibt es zuhauf. Durch sie können die Lernenden einen an Personen, Fallbeispielen, Situationen, Themen oder Gegenständen orientierten, sachgemäßen und durch die Art der Darstellung lebendigen und authentischen Einblick in die antike Welt erfahren. In der Regel geben Dokumentarfilme auch den aktuellen Stand der Forschung wieder. Ihr Themenspektrum mögen folgende Beispiele illustrieren (die Titel sollen uns aus Platzgründen ausnahmsweise genügen):

Thema	Titel
Antike Völker	*Große Völker: Die Karthager* *Große Völker: Die Griechen* *Die Etrusker. Wegbereiter des antiken Rom* *Große Völker: Die Römer* *Die Geschichte der Phönizier*
Persönlichkeiten, Herrscher und Kaiser	*Augustus: Totengräber oder Friedensfürst?* *Nero: Killer auf dem Kaiserthron?* *Caligula. Herrschaft im Zeichen des Terrors* *Herrscher des Schreckens: Julius Cäsar* *Hannibal*
Höhe- und Wendepunkte der römischen Geschichte	*Das Schicksal Roms* (2 Teile) *Caesars Spiel um die Macht* *Rom – Der Untergang* *Rom – Die Entstehung eines Weltreichs* (2 Teile)
Römische Bauwerke und Baukunst	*Rom. Bauwerke der Caesaren* *Bauwerke der Antike: Rom* *Arena der Gladiatoren – Das Kolosseum* *Hightech der Antike – Erfindungen zwischen Tiber und Tigris*

Thema	**Titel**
Römer und Germanen	*Kampf um Germanien. Der Verrat des Arminius* *Kampf um Germanien. Schlacht im Teutoburger Wald* *Der Limes – Gefahr an der Grenze* *Rom am Rhein* (3 Teile)
Römer und Kelten	*Caesar und die Kelten* *Die Kelten*
Römisches Alltagsleben	*Brot und Spiele – Gladiatoren* *Gladiatoren – Leben zwischen Triumph und Tod* *Ein Tag im alten Rom*
Römische Stadtentwicklung und Topografie	*Vom Hüttendorf zur Metropole* *Der Aufstieg zur Kaiserstadt* *Brand und neue Blüte Roms* *Das Ende der alten Götter*
Pompeji	*Das Geheimnis von Pompeji* *Pompeji. Der letzte Tag*

Die Liste ließe sich beliebig lange fortsetzen – zumal diese Beispiele vor allem auf Rom ausgerichtet sind. Dokumentationen zu vielen anderen wichtigen Themenbereichen der Antike, die Lektions- und Originaltexte behandeln, fehlen in der Aufstellung noch, etwa zu Troja, zu Odysseus' Irrfahrten, zu Religion und Philosophie, zur römischen Gesellschaftsstruktur oder zu weiteren Völkern und Kulturen.

Viele Dokumentarfilme produziert auch der öffentlich-rechtliche Rundfunk fleißig, sodass in den Online-Mediatheken der deutschen Fernsehsender viele Filme abzurufen sind. Manche sind auch wunderbar kindgerecht aufbereitet, etwa *Der Römer-Check* von KiKA.[228] Zur ZDF-Reihe *TerraX* gibt es eine eigene Themenseite zu Rom, auch mit vielen Kurzclips zu verschiedenen Aspekten des römischen Lebens und Wirkens (https://www.zdf.de/dokumentation/terra-x/

228 https://www.kika.de/checker-tobi/sendungen/der-roemer-check-102.html (Zugriff: 11.08.2021).

themenpaket-das-alte-rom-100.html). In Oberstufenkursen können zum Thema Philosophie überdies auch Folgen der Reihe *Denker des Abendlandes* (BR) gezeigt werden, auch wenn es sich eher um ein Talk-Format handelt (https://www.br.de/fernsehen/ard-alpha/sendungen/denker-des-abendlandes/index.html).

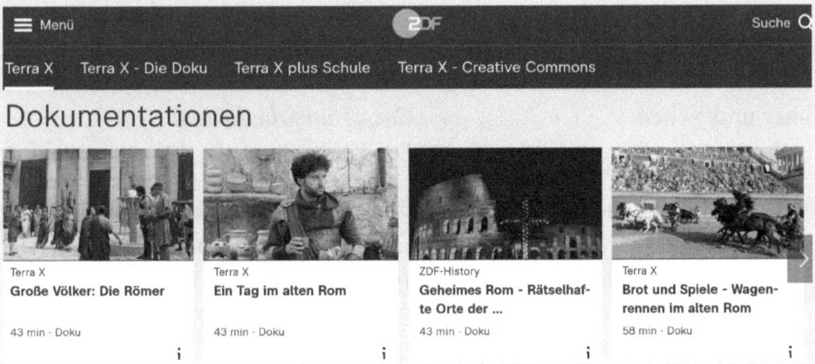

Abb. 18: Dokumentationen zur römischen Antike in der *ZDF*-Mediathek

Die Plattform *Planet Schule* verfügt über mehrere kurze Dokumentarfilme zu verschiedenen Bereichen des römischen Lebens (Reihe *Experimentum Romanum*) in lateinischer Sprache, die durch lateinische oder deutsche Untertitel mitgelesen werden können (https://www.planet-schule.de/wissenspool/das-roemer-experiment/). So erleben die Lernenden Latein als lebendige Sprache und schulen zugleich das Hörverstehen. Damit die Lernenden aus diesen Filmen effektiv Informationen herausarbeiten und gegebenenfalls eine Übersetzung anfertigen können, kann zudem auf die zur Verfügung gestellten Filmskripte zurückgegriffen werden – oder die Lehrkraft teilt passende Wörterlisten aus.[229] Auch in der aufwändig animierten ARTE-Produktion *Das Schicksal Roms* über die Zeit von Caesars Ermordung bis zur Schlacht von Actium reden die Figuren lateinisch und – naja – neugriechisch, deutsche Untertitel werden aber eingeblendet.

229 Vgl. zur Arbeit mit dem *Experiumentum Romanum:* Gressel 2019, 38 f., Pfaffel/Lobe 2016, 90 f. sowie Kuhlmann 2013.

Manche Dokumentationen werden auch auf *YouTube* zur Verfügung gestellt, ebenso Erklärfilme zur antiken Geschichte wie diejenigen von *MrWissen2go.*[230] Das Angebot ist also riesig. Mit Dokumentarfilmen können vor allem folgende Lernziele erreicht werden:

1. Die Lernenden *arbeiten* aus dem Film – ggf. anhand von Leitfragen – Sachinformationen *heraus,* um ein Thema zu vertiefen oder einen lateinischen Text zu kontextualisieren.
2. Die Lernenden *vergleichen* Informationen des Films mit denen des lateinischen Textes, um Gemeinsamkeiten, Unterschiede und Widersprüche festzustellen.
3. Die Lernenden *beurteilen* den Dokumentarfilm, indem sie filmische Darstellungen und Aussagen auf sachliche Korrektheit prüfen.

Je nach Textstelle bieten sich in Bezug auf das erste Ziel in der Regel verschiedene Themen an, die durch Dokumentarfilme vertieft werden können. Zu Caesars *De bello Gallico* passt etwa ein Film zu den Kelten, den Germanen, zu Caesar als historischer Person oder zur politischen Situation in der ausgehenden Republik. Vergils *Aeneis* kann durch Dokumentationen zu Troja, zu den Karthagern, zur römischen Frühgeschichte, zu Augustus als Herrscher oder auch zur römischen Stadtentwicklung kontextualisiert werden. Hier ist ein entsprechender Schwerpunkt zu setzen. Auch zur inhaltlichen ›Vorentlastung‹ vor der Übersetzung können Dokumentarfilme gezeigt werden, beispielsweise um zum besseren Verständnis mancher Briefe des Plinius sein »Domitianserlebnis« zu verdeutlichen oder vor der Lektüre der *Vulgata* die Entwicklung des Christentums aufzuzeigen.

Für das zweite Ziel sei als Beispiel noch einmal Caesar erwähnt: Sein »Germanenexkurs« unterscheidet sich deutlich von heutigen wissenschaftlichen Erkenntnissen über »die Germanen« zur Zeit der Antike. Indem die Lernenden dadurch Ungereimtheiten und Widersprüche entdecken, können sie ein Werk und seine Funktion besser verstehen.

Nicht ausbleiben darf selbst bei Dokumentarfilmen der Bereich der Medienkritik: Aussagen können fehlerhaft, nicht mehr aktuell oder übertrieben sein, wichtige Aspekte werden ausgelassen oder die gezeigten Darstellungen sind zu dramatisch und gewaltsam. Schon die Titel mancher Dokumentationen (z. B. *Augustus: Totengräber oder Friedensfürst?; Herrscher des Schreckens: Julius Cäsar*) laden zur Problematisierung ein. Ergänzendes (analoges) Material darf also gerne hinzugezogen werden.

---

230 *YouTube*-Clips können übrigens leicht mit *LearningApps* bearbeitet, etwa geschnitten und an bestimmten Stellen mit Fragen oder Aufgaben versehen werden, um interaktive Lernvideos zu erstellen.

Insgesamt können die Lernenden damit die Medienkompetenzen erwerben *In verschiedenen digitalen Umgebungen suchen* und *Informationsquellen analysieren und kritisch bewerten.*

9.5. Multimediale und interaktive Lernangebote zur antiken Welt

Ideal ergänzen lassen sich Internetrecherchen und Dokumentarfilme durch interaktive und multimediale Lern- und Übungsangebote zur antiken Welt, die im Internet zahlreich zu finden sind. Die Lernenden können hier entweder *neue Aspekte eines Themas erarbeiten* oder bereits *Bekanntes üben und wiederholen.* Drei Beispiele:

- In der *Kinderzeitmaschine* (http://www.kinderzeitmaschine.de) werden Sachtexte, Bilder, Ton, Kurzfilme und Animationen mit Übungen verbunden. Gerade jüngere Lerngruppen mag sie durch die kindgerechte Aufbereitung und die spielerischen Elemente sehr motivieren, werden sie doch schon am Anfang zur Reise mit einer Zeitmaschine eingeladen.
- Auf der Website *segu-Geschichte* (https://segu-geschichte.de/roemische-antike/), die sich als ›Lernplattform für den offenen Geschichtsunterricht‹ versteht, können die Lernenden zahlreiche Lernmodule zu verschiedenen Aspekten der römischen Lebenswelt und römischen Geschichte bearbeiten. Neben Sachtexten und historischen Quellen werden interaktive Übungen (z.B. *LearningApps, H5P*), digitale Karten (z.B. *Google Maps, Google Earth*) und Freitextfelder integriert, welche später auch das Ausdrucken der von den Lernenden eingegebenen Antworten ermöglichen.
- In Kombination mit *Virtual Reality* können die Lernenden auf *Rome Reborn* Quizze zum Titus-, Konstantin- oder Septimius-Severus-Bogen in Rom lösen, allerdings auf Englisch (https://www.romereborn.org/content/educational-apps).

Idealerweise wird die Nutzung solcher Internetangebote durch die Lernenden von der Bearbeitung eines Fragenkatalogs (d.h. von Leitfragen) zur Orientierung und späteren Auswertung begleitet.

Bei vorgegebenen Online-Übungen kann nicht nur die fehlende Passung zur Lerngruppe, zum Thema oder zum Lernziel ein Problem sein. Auch enthaltene Werbung, etwa bei der *Kinderzeitmaschine,* stört beim Lernen und gehört ohnehin nicht in den Unterricht. Wie im Bereich von Lexik und Grammatik lassen sich mit entsprechenden Tools (z.B. *LearningApps, Kahoot!, Hot Pota-*

toes) eigene Übungen auch zur Sachkunde erstellen.[231] Sinnvoll sind hier neben den aus dem Sprachunterricht bekannten (z. B. Zuordnungs-, Abfrage- oder Lückentextübungen) vor allem folgende Übungsformate aus den *LearningApps:*

- »Zahlenstrahl«: Die Lernenden ordnen Objekte auf einer Zeitleiste an, etwa Bilder oder Daten zu biografischen oder historischen Hintergründen.
- »Einfache Reihenfolge«: Ähnlich dem Vorgehen bei der Zeitleiste bringen die Lernenden Textabschnitte in die richtige Reihenfolge.
- »Zuordnung auf Bild«: Die Lernenden benennen Markierungen auf einer Karte, einer Grafik oder einem Bild. Denkbar wären hier zum Beispiel die Zuordnung im Text genannter geografischer Angaben, die Beschriftung von Orten und Bauwerken oder die Zuweisung von Textaussagen auf einem Gemälde.

Ob zur Thematisierung von Werk und Biografie des Autors, von griechischer Mythologie oder römischer Geschichte, solche multimedialen und interaktiven Online-Lernangebote und Übungen können im Bereich der Sachkunde vielfältig eingesetzt werden und den lateinischen Text zu kontextualisieren helfen. Damit wird wieder die Medienkompetenz *Effektive digitale Lernmöglichkeiten finden, bewerten und nutzen* gefördert.

Abb. 19: Eine Zeitreise mit der *Kinderzeitmaschine*

231 Vgl. Doepner/Keip/Kurczyk 2020, 62 f.; Reindl 2016, 18.

9.6. *Digital Game-Based Learning*

Die Idee, digitale Spiele für den Lateinunterricht zu nutzen, ist tatsächlich nicht neu. Schon 2001 berichtete Michael Hotz von der Erstellung eines *Internetspiels* durch die Lernenden, welches kognitive und kreative Komponenten, Unterhaltung und Information verbinden solle – oder wie er es nennt: »›Edutainment‹ in didaktisch fundierter Form«.[232] Die Lernenden erfinden dabei ein Spielkonzept – etwa ein Wissensspiel, bei dem die römische Spielfigur bei richtig beantworteten Fragen sozial aufsteigt – und setzen es gemeinsam technisch um, wozu sie auch Kenntnisse in Webdesign erwerben müssen. Ähnlich einer realen Spielentwicklung wird dabei auf ein arbeitsteiliges Vorgehen gesetzt.[233]

Trotz einiger Vorzüge dieser Methode (z. B. Förderung verschiedener Medienkompetenzen, kreative Entfaltung der Lerngruppe) wird sie wohl im Alltag nicht angewendet werden: Wie viele Lateinlehrkräfte kennen sich schon mit Programmierung aus? Als Projektarbeit, etwa im Rahmen eines Fächerübergriffs mit dem Informatikunterricht und unter Beachtung fachlicher Voraussetzungen, wollen wir dies jedoch nicht ausschließen. Schon das *Entwerfen einer reinen Spielgeschichte* ist als alternatives Verfahren einer vertiefenden Auseinandersetzung mit dem lateinischen Text ganz ohne technische Realisierung denkbar.

Spiele wie das oben genannte Beispiel dienen dazu, *Inhalte zu erarbeiten oder zu üben.* Ihnen liegt der Ansatz der ›Gamification‹ zugrunde: Elemente von *Games* (z. B. ein »Ranking«) werden auf andere Zusammenhänge (hier die Sachkunde) übertragen.

Wie dafür etwa das (kostenpflichtige) Rollenspiel *Classcraft* Anwendung finden kann, hat Melanie Banken ausgeführt. In dieser Online-Lernumgebung im Stil eines Fantasy-Spiels werden die in Teams arbeitenden Lernenden durch ein Punktesystem zu bestimmten Leistungen oder Verhaltensweisen motiviert – kontrolliert und gesteuert von der Lehrkraft.[234] Der reale Klassenraum wird quasi in eine virtuelle Welt übertragen, für die die Lehrkraft eine Umgebung auswählt, Stationen festlegt und Aufgaben integriert oder verlinkt, etwa in einer auf die Abenteuer des Odysseus ausgerichteten, aus Inseln und Höhlen bestehenden Landschaft.[235] Hier können die Lernenden dann sachkundliche Inhalte, aber auch Lexik und Grammatik erarbeiten und üben. Schade, dass es kein antikes oder mythisches Ambiente gibt – die im Stil von *World of Warcraft* aussehenden

232 Hotz 2001, 59.
233 Vgl. Hotz 2001.
234 Banken 2020.
235 Banken 2020, 39–41.

Charaktere ›Magier‹, ›Heiler‹ und ›Krieger‹ passen da nur bedingt. Fraglich bleibt auch, ob eine Legitimation des Einsatzes von *Classcraft,* die hauptsächlich auf einer gesteigerten Lernmotivation basiert, mittel- und langfristig Bestand hat oder ob die hohe Motivation zu Beginn nicht eher durch den sogenannten »Neuheitseffekt« zu erklären ist. Zudem sind Aufwand und Kosten zu berücksichtigen.

Kommerzielle Computer- und Onlinespiele (*Games,* ›Videospiele‹) mit einem antiken Kontext gibt es in großer Zahl – um ein paar Beispiele zu nennen: Im Strategiespiel *Total War: Rome 2 – Emperor Edition* (2014) kämpft der Spieler, in die Zeit des römischen Bürgerkriegs versetzt, in Gestalt des Octavian, Marcus Antonius oder Lepidus um die Vorherrschaft in Rom. *In Hegemony Rome: The Rise of Caesar* (2014) übernimmt der Spieler die Rolle des Caesar und versucht ganz Gallien zu unterwerfen, wobei laut Beschreibung vier Kampagnen der Schilderung in den *Commentarii de bello Gallico* detailgetreu folgen. Wer sich nicht für simulierte Kriegsführungen und Strategiespiele entscheidet, kann in aufwändigen Städtebau-Simulationen wie *Caesar IV* (2009) unter der Voraussetzung einer florierenden Wirtschaft die *urbs* selbst aufbauen, verwalten und durch Monumentalbauten erweitern. Wird in *Assassin's Creed Origins* (2017) die Spielhandlung ins alte Ägypten zur Zeit Kleopatras und Caesars versetzt, spielt *Assassin's Creed Odyssey* (2018) zur Zeit des Peloponnesischen Krieges im antiken Griechenland. In beiden Fällen lädt ein ›Entdeckermodus‹ dazu ein, die antike Welt im Spiel sozusagen als digitale Museumslandschaft frei zu erkunden – Museumsguide inklusive.

Was fangen wir nun damit aber an? Auch sie lassen sich in den Lateinunterricht integrieren – hier sprechen wir dann vom *Digital Game-Based Learning.* Prinzipiell können dabei drei Lernziele verfolgt (und idealerweise kombiniert) werden:

1. Die Lernenden *beschreiben* die im Spiel dargestellten Orte, Situationen, Figuren oder Handlungen und *vergleichen* sie mit denen des lateinischen Textes.
2. Die Lernenden *untersuchen* die Darstellung im Spiel hinsichtlich ihrer historischen Korrektheit.
3. Die Lernenden *bewerten* das Spiel und *reflektieren* das darin transportierte Bild der Antike.

Das erste Ziel orientiert sich letztlich am Verfahren der ›rezeptionsgeschichtlichen Interpretation‹ – statt Gemälden, Musikwerken oder Filmen werden eben *Games,* die selbst oft eine narrative Struktur aufweisen, mit dem Text in Beziehung gesetzt. Dies muss gar nicht unbedingt mit der ganzen Lerngruppe erfolgen. Es gibt vermutlich immer Lernende, die in ihrer Freizeit *Games* spielen und etwa in Form eines Referates ihr Spiel vorstellen und Unterschiede oder Gemeinsamkeiten zum Text identifizieren können (z. B. mit Blick auf Inszenierung, Aufbau, dramatische Mittel).

Schwerpunktmäßig – und damit zentral für den Bereich der Sachkunde – können das zweite und dritte Lernziel bearbeitet werden. Hier ist auch möglich, dass die Lernenden in Gruppenarbeit im Lateinunterricht selbst ein Spiel analysieren und sich anschließend über ihre Ergebnisse austauschen. Wichtig wären dabei aber vorgegebene Leitfragen oder Kriterien (z. B. Gestaltung der Umgebung, Biografie der Figur, Ablauf und Ergebnis einer Handlung, begriffliche Bezeichnungen), an denen sich die Lernenden orientieren und die Faktentreue prüfen können.

Ihre Ergebnisse münden dann in eine eigene Bewertung und Reflexion des Bildes der Antike. Dies ist unerlässlich, damit die Lernenden nicht die Fiktion des Spiels für reale historische Ereignisse, Zusammenhänge und Ansichten halten. Die meisten *Games* mit Antikebezug dürften wohl einer präzisen, forschungsbasierten Grundlage entbehren. Doch es gibt auch Positivbeispiele: *Assassin's Creed Odyssey* wurde etwa für die Detailgenauigkeit, Lebendigkeit und historische Korrektheit der Darstellung gelobt – ihm wurde sogar das Potenzial bescheinigt, durch die gezeigte Farbenpracht der antiken Welt Vorstellungen von Jugendlichen und jungen Erwachsenen über die Antike zu revolutionieren.[236]

Neben der Auseinandersetzung mit Inszenierungen und der Förderung eines Bewusstseins für zeitlichen Wandel und historische Präzision können Computerspiele im Lateinunterricht eine unterhaltsame Abwechslung bieten. Notwendig ist stets der Textbezug, denn Sachkunde sollte im Lateinunterricht nie losgelöst von lateinischen Inhalten stattfinden.[237] Doch dieser muss in der Regel »künstlich« hergestellt werden. Dies gilt auch für die Städtebau-Simulationen, die etwa die Thematisierung römischer Topographie anschaulich unterstützen können. Direkte Anknüpfungspunkte an den Text fehlen.

Nicht unterschätzt werden darf bei kommerziellen Strategiespielen der Aspekt der Gewaltdarstellung oder sogar -verherrlichung. Hier sollte die Lehrkraft genau prüfen, ob sich ein unterrichtlicher Einsatz rechtlich, psychologisch und pädagogisch vertreten lässt. Infrage kommen dann also nur – wenn überhaupt – die oberen Klassenstufen, wobei eine kritische Reflexion nicht fehlen darf. Abgesehen davon sind die Spiele kostenpflichtig, und die Schule wird sie kaum einer ganzen Lerngruppe finanzieren. Die Frage der praktischen Umsetzung muss hier offen bleiben.

Vor allem darf freilich kein intensives Computerspielen stattfinden, einerseits wegen der Suchtgefahr, andererseits wegen eines möglichen »Löschungs-

---

236 Vgl. Weber 2019.

237 Ansätze finden sich bei *Hegemony Rome: The Rise of Caesar* (2014), wenn sich der Spieler auf den Spuren Caesars im Gallischen Krieg befindet.

effekts«, nach dem das unmittelbar zuvor Gelernte wieder vergessen wird. Daher sollten bei solchen Stunden unbedingt auch die gesundheitlichen Gefahren und lernpsychologischen Effekte beim Spielkonsum mit den Lernenden thematisiert und reflektiert werden, damit sie einen gesundheitsbewussten Mediengebrauch erlernen können.

Und das Grundproblem bleibt bestehen: Diese *Games* sind nicht für Bildungszwecke, sondern für die Unterhaltung konzipiert. Anders verhält es sich mit sogenannten *Serious Games* bzw. *Educational Games,* die Lerninhalte in die Spielumgebung einbetten und durch das Spielen unmittelbar Lernprozesse anstoßen.[238] Im Lateinunterricht kann hierfür nach den grundsätzlichen Überlegungen von Monika Vogel die Form des *Textadventure* zum Tragen kommen, in dem die Lernenden eine virtuelle Figur in einer antiken oder mythischen Umgebung steuern und durch das Lösen von Aufgaben die Spielgeschichte voranbringen. In enger Anbindung an das Lehrbuch könnten dadurch sprachliche und kulturelle Inhalte geübt, das Textverständnis vertieft und insgesamt eine ganzheitliche Kompetenzförderung im Lateinunterricht erreicht werden.[239] Hier stecken Forschung und Spielentwicklung aber noch in den Kinderschuhen.

Mehrere Medienkompetenzen können beim *Digital Game-Based Learning* gefördert werden: Im Bereich der Medienanalyse und -bewertung können die Lernenden etwa *Gestaltungsmittel von digitalen Medienangeboten kennen und bewerten* sowie *Wirkungen von Medien in der digitalen Welt (z.B. Computerspiele, mediale Gewaltdarstellungen) analysieren und konstruktiv damit umgehen.* Bei der Auseinandersetzung mit gesundheitlichen Konsequenzen können die Lernenden die Kompetenzen *Suchtgefahren vermeiden, sich selbst und andere vor möglichen Gefahren schützen* sowie *Digitale Technologien gesundheitsbewusst nutzen* entwickeln. Dies hat idealerweise auch Auswirkungen auf ihren Medienkonsum, indem sie *Chancen und Risiken des Mediengebrauchs in unterschiedlichen Lebensbereichen erkennen, eigenen Mediengebrauch reflektieren und ggf. modifizieren.*

9.7. Multimediales Produzieren und Präsentieren

Nachdem die Lernenden eifrig sachkundliche Themen erarbeitet oder recherchiert haben, stellt sich die Frage, wie sie *zusammengefasst, visualisiert und präsentiert* werden sollen. Die einfachste digitale Methode ist, über Textver-

238 Vgl. Vogel 2020, 32.
239 Vogel 2020, 34f.

arbeitungsprogramme (z. B. *Word, Pages*) ein Handout zu erstellen und der Lerngruppe auszugeben. Hier können sie etwa Steckbriefe und tabellarische Übersichten entwerfen, Bilder kommentieren oder eigene Informationstexte verfassen. Mindmapping-Tools (z. B. *MindMeister, Popplet*) verhelfen zu einem strukturierten Überblick über ein Thema. Doch werfen wir einen Blick auf alternative Verfahren.

Folien-Präsentationstools (z. B. *PowerPoint, Keynote*) ermöglichen eine Konzentration der Inhalte auf einzelne Folien sowie eine einfache Einbindung von Film und Bild. Nicht linear, sondern dynamisch und assoziativ geht übrigens die Online-Variante *Prezi* (http://prezi.com/) vor. Auch hier ist wichtig, mit den Lernenden zentrale Gestaltungsprinzipien einer ›guten‹ Präsentation zu besprechen (z. B. ›Inhalt vor Form‹, wenige Stichpunkte pro Folie) sowie die Anlage eines Quellenverzeichnisses einzuüben.

Rechercheergebnisse oder Unterrichtsprojekte können auf einer *Homepage* (z. B. Schulwebsite) oder auf sogenannten *Blogs* (z. B. *Wordpress*) präsentiert werden, um sie einer breiteren Öffentlichkeit zugänglich zu machen – oder schlicht zur Außenwerbung für das Fach Latein. Ebenso können *Blogs* als »Reisetagebuch« eine Klassenfahrt (z. B. Köln, Rom) dokumentieren. Allerdings ist der Leserkreis dieser *Blogs* sehr begrenzt – am ehesten werden die Lernenden selbst darin lesen, und von ihnen auch nicht alle.[240]

Rechercheergebnisse können die Lernenden auch über eigene *Wikis*, die etwa über eine Lernplattform erstellt werden können, festhalten: Hier formulieren sie in Anlehnung an *Wikipedia* Lexikoneinträge, die sie miteinander verknüpfen, in denen sie Links, Übersichten, Bilder und Quellennachweise hinzufügen und die sie dann der Lerngruppe zugänglich machen.[241] Zentral ist hier die gemeinschaftliche Arbeit, die das Anlegen von *Wikis* mit sich bringt: Die Lernenden kontrollieren, ergänzen und korrigieren sich gegenseitig. Entsprechend ihrem Charakter einer adaptierbaren Wissenssammlung können *Wikis* auch zur sukzessiven Dokumentation des Unterrichtsprozesses genutzt werden, indem die Lernenden etwa alle neu erworbenen Erkenntnisse festhalten und somit eine ideale Grundlage für die Vorbereitung auf Prüfungen schaffen.[242]

Ein *Klassen-Portfolio* kann über Online-Pinnwände (z. B. *Padlet*) verwirklicht werden. Hier werden alle Unterrichtsergebnisse und Lernprodukte, Links und Medien in strukturierter Form virtuell zusammengestellt, damit die Ler-

240 Zur Erstellung von *Blogs* oder Websites für digitale Berichte vgl. Puschmann 2020, 23.

241 Vgl. Gressel 2019, 40 f.

242 Übrigens sind *Wikis* für die Textvertiefung nutzbar, indem lateinische Texte, Übersetzungen, Analysen und Interpretationen zusammengetragen werden, etwa im Rahmen einer thematischen Lektüre.

nenden sie jederzeit nutzen können. Vielleicht ein erster Schritt zum virtuellen Fachraum![243]

Digitale Ausstellungen können die Lernenden kreieren, indem sie zu einem bestimmten Thema arbeitsteilig und aspektorientiert Bilder (z. B. Gemälde, Statuen, Alltagsgegenstände) unter Einbezug des lateinischen Textes (oder relevanter Parallel- oder Zusatztexte) mit erläuternden deutschen Texten versehen. Es genügen einfache Textverarbeitungsprogramme (z. B. *Word, Pages*). Die Reihenfolge der gezeigten ›Ausstellungsstücke‹ kann sich an einem echten Museumsrundgang orientieren.[244]

Gerade wenn es um biografische, historische und literaturgeschichtliche Hintergründe geht, zu denen zeitliche Daten vorliegen, können die Lernenden einen *Zeitstrahl* (z. B. mit *Padlet*) erstellen und darin chronologisch wichtige Aspekte festhalten – übrigens auch parallel, etwa um gleichzeitig Leben und Werk eines Autors sowie die historischen Umstände zu veranschaulichen.

Geht es um die Vorbereitung von Exkursionen, etwa Museumsbesuchen oder Stadtrundgängen, können die Lernenden in selbst produzierten *Audioguides* zu bestimmten Aspekten (z. B. Ausstellungsstücke, Sehenswürdigkeiten, Orte) einander alle wichtigen Informationen zur Verfügung stellen, um sie während der Besichtigung abzuhören – nie wieder akustisch schwer verständliche Referate vor Ort!

Auch zur Erstellung *virtueller Stadtrundgänge,* in denen die Lernenden in einer Präsentation zu bestimmten Schauplätzen Bilder mit selbst gesprochenen Texten verknüpfen, eignen sich Audioguides.[245] Idealerweise werden digital bearbeitete Karten (z. B. *Google Maps*) genutzt, um eine Route einzuzeichnen, Besuchspunkte zu markieren und dort Überschriften, Texte, Bilder oder Links (z. B. zu den selbst erstellten Audiodateien) einzufügen.[246] Zur Nachbereitung realer Exkursionen können überdies sogar eigene *Virtual-Reality*-Touren erstellt werden.[247]

Einen eigenen, kurzen *Erklärfilm* mit *Greenscreen*-Technik können die Lernenden aufnehmen, um einen Gegenstand, ein Gebäude, eine Karte oder einen Ort zu erläutern. Dabei wird die zu erklärende Szenerie als Foto mit einer entsprechenden App digital auf den grünen Hintergrund (z. B. eine große, gut ausgeleuchtete grüne Filzwand) gesetzt, sodass die Lernenden mitten im Geschehen

243 Vgl. Doepner/Keip/Kurczyk 2020, 56 f.
244 Vgl. Gressel 2019, 34 f.
245 Vgl. Gressel 2019, 22 f.
246 Vgl. die Vorgehensbeschreibung bei https://segu-geschichte.de/roemisches-koeln/ (Zugriff: 21.08.2021).
247 Vgl. dazu Puschmann 2020, 23 f.

zu stehen scheinen. So können sie etwa das Kolosseum von innen heraus vorstellen, über das Forum Romanum ›laufen‹ oder ein Kunstwerk als Rezeptionsdokument erläutern. Gerade bei schwer erreichbaren, weit entfernten oder in der Vergangenheit liegenden Szenerien bietet sich dieses Verfahren an. Alternativ können sie auch mit der Erklärvideo-Software *MySimpleShow* arbeiten, die anhand von Schlüsselwörtern Texte durch Bilder visualisiert.[248] Fortgeschrittene Lernende oder Lerngruppen können die Filme übrigens auch mit lateinischen Texten oder Untertiteln versehen – oder selbst auf Latein sprechen.[249]

Insgesamt können die Lernenden die Kompetenzen *Mehrere technische Bearbeitungswerkzeuge kennen und anwenden, Eine Produktion planen und in verschiedenen Formaten gestalten, präsentieren, veröffentlichen oder teilen* sowie *Inhalte in verschiedenen Formaten bearbeiten, zusammenführen, präsentieren und veröffentlichen oder teilen* ausbauen. Dafür müssen auch rechtliche Aspekte besprochen werden: *Bedeutung von Urheberrecht und geistigem Eigentum kennen* und *Urheber- und Nutzungsrechte (Lizenzen) bei eigenen und fremden Werken berücksichtigen.*

248 Zur Arbeit mit *MySimpleShow* vgl. Doepner/Keip/Kurczyk 2020, 58 f.

249 Zur Erstellung lateinischer Videos nach Art des *Experimentum Romanum* vgl. Gressel 2019, 38 f.

10. Übergeordnete Einsatzbereiche

10.1. Die Lernplattform

Eigentlich ein ›alter Hut‹, doch in der Corona-Krise wieder bemerkenswert modern geworden:[250] die sogenannte *Lernplattform* (›Learning Management System‹, LMS). Ist sie an Universitäten seit vielen Jahren gang und gäbe, so musste man feststellen, dass Schulen indes vielfach nicht über eine solche browserbasierte Lernumgebung verfügten. Das Bild einer Lehrkraft, die während des ›Homeschoolings‹ in Ermangelung von Schüler-Mailadressen oder eben solcher Lernplattformen selbst zu den Lernenden fährt und Arbeitsblätter aushändigt, spricht Bände. Dabei hat man in der Lateindidaktik schon früh erkannt, dass Lernplattformen die Klassenorganisation und das Lernen erleichtern.[251]

Moodle, IServ und Co. bieten zunächst ideale Möglichkeiten zum Austausch von Dateien (z. B. Download von Unterrichtsmaterialien, Sammlung von Schülerergebnissen, Präsentation von Lernprodukten, Upload von Musterlösungen, Sammlung von Zusatzmaterialien, Linklisten). Lernende können so schnell und unkompliziert auf alle relevanten Unterrichtsmaterialien zugreifen – besonders hilfreich im Krankheitsfall –, und das von überall, parallel und in Echtzeit, was ebenso Projekt- und Gruppenarbeit erheblich unterstützt. Auch Lehrende profitieren: Materialien lassen sich in Farbe und multimedial zur Verfügung stellen, Papierkosten werden gespart und das Teilen von Dokumenten im Kollegium wird vereinfacht.

Neben dem effizienten Materialaustausch liegt ein wichtiger Vorzug darin, einen Großteil der Klassenorganisation aus dem Unterricht ins Netz zu »verbannen« und somit mehr effektive Lernzeit im Präsenzunterricht zu haben. E-Mail, Forum, Chat und ›Schwarzes Brett‹ erleichtern nicht nur unterrichts-

250 So stellt Sauer (2020, 10) als Ergebnis einer Befragung von Lehrkräften fest: »Im Zuge der Pandemie hat sich die Arbeit mit Lernplattformen an den Schulen fest etabliert.«

251 Vgl. hier und im Folgenden Kaufmann 2006 und Biastoch 2002.

bezogene Kommunikation, sondern erlauben auch die Organisation von Klassenangelegenheiten oder individuelle Hilfestellungen durch die Lehrkraft, die Aufgaben- oder Kalenderfunktion erleichtert das Management von Aufgaben und Terminen (z. B. zu erledigende Hausaufgaben, Termine von Klausuren oder von Schulveranstaltungen).

Wichtige, auf Lernplattformen verfügbare Lernwerkzeuge sind zudem Tools für Wochenplanarbeit, kollaboratives (z. B. ›Etherpads‹) oder produktives Arbeiten (z. B. Erstellung von *Blogs* oder Websites) und für Lehrer-Feedback – gerade im Distanzlernen unerlässlich.

Abgesehen von diesen Möglichkeiten einer Vereinfachung von Arbeitsprozess, Kommunikation und individueller Unterstützung erfährt aber vor allem die Integration von Online-Übungen in solche Lernplattformen eine besondere Bedeutung für den Lernprozess, da sie ihn unmittelbar unterstützen. Diese Übungen können entweder in der Lernplattform direkt erstellt oder zumindest mit ihr verknüpft werden. Christian Reindl hat gezeigt, wie sich etwa Übungen von *Hot Potatoes* in die Lernplattform *Moodle* integrieren und zur Lernstandserhebung und Diagnose nutzen lassen, sowohl in Bezug auf einzelne Lernende als auch auf die ganze Lerngruppe.[252] In vielen Lernplattformen lassen sich auch Tests für die Lernenden anlegen, und andere Online-Übungen wie *LearningApps* können ebenfalls verlinkt werden.

Ein letzter Blick soll einer beinahe ›uralten‹ und unterschätzten Funktion gelten: dem *Forum.* Hier lassen sich nach Stefan Voss zwei zentrale Einsatzmöglichkeiten feststellen:[253]

1. Lernende können es *als ›Hilfeforum‹ nutzen,* um Schwierigkeiten bei Wortschatz, Grammatik oder Übersetzungen untereinander zu lösen – quasi das Prinzip von ›Schüler helfen Schülern‹, nur eben online.
2. Ebenso können sie darüber *ein Grammatik- oder Vokabelglossar anlegen,* das sich zur Binnendifferenzierung nutzen lässt.

Das Forum kann in der Schule, aber auch zu Hause, etwa bei Problemen mit Hausaufgaben, Anwendung finden.

Als ›digitaler Klassenraum‹ mit vielfältigen Werkzeugen ist die Lernplattform auch im Lateinunterricht unerlässlich. Wichtig wäre allerdings, die Lernenden im Vorfeld in Funktionen und Anwendungsmöglichkeiten einzuführen und Regeln für ein wertschätzendes, lernförderliches Miteinander zu etablieren (›Netiquette‹). Somit können sie nämlich nicht nur digitale Kompetenzen wie

252 Reindl 2016.
253 Voss 2016.

Informationen und Daten sicher speichern, wiederfinden und von verschiedenen Orten abrufen, Mithilfe verschiedener digitaler Kommunikationsmöglichkeiten kommunizieren oder *Dateien, Informationen und Links teilen* weiterentwickeln, sondern eben auch *Verhaltensregeln bei digitaler Interaktion und Kooperation kennen und anwenden.*

10.2. Der ›virtuelle Klassenraum‹

Eine Sonderform der Lernplattform ist der von ANN-KATHRIN GIEBE entwickelte ›virtuelle Klassenraum‹, eine Gestaltung einer Website in Form eines gezeichneten Klassenraumes mithilfe von *Google Präsentationen.*[254] Dieser ›virtuelle Klassenraum‹ wirkt optisch besonders ansprechend und motivierend und kann in allen Arbeitsfeldern des Lateinunterrichts eingesetzt werden, allerdings im Unterschied zur herkömmlichen Lernplattform in der Regel stunden- bzw. themenbezogen.

Verschiedene Elemente des Klassenraum-Bildes werden dabei mit interaktiven Online-Übungen, Video-, Audio- oder Textdateien verlinkt. So kann eine Audiodatei die einzelnen Elemente des Raumes vorstellen, Aufgaben formulieren und auf Hilfen verweisen, während an der Tafel das Stundenthema prangt, die Bücher im Regal zu Unterrichtsmaterialien oder Online-Informationen führen, das Wandposter die Lernenden zu *LearningApps* oder *Kahoot!* weiterleitet und der auf dem Lehrerpult liegende Brief beim Anklicken Tipps und Unterstützungsangebote liefert.

Auch wenn zur Einrichtung eines solchen Klassenraumes Vorlagen verwendet werden können, ist der Aufwand doch nicht unerheblich. Er sollte daher zu Themen erstellt werden, an denen die Lernenden auch mehr als eine Stunde arbeiten können. Sicherlich sind solche ›virtuellen Klassenräume‹ aber gerade im Distanzlernen gut einsetzbar. Für die Lernenden stehen hier die Lern- und Kommunikationsmöglichkeiten im Vordergrund, wodurch Medienkompetenzen wie *Effektive digitale Lernmöglichkeiten finden, bewerten und nutzen* und *Digitale Kommunikationsmöglichkeiten zielgerichtet- und situationsgerecht auswählen* gefördert werden.

---

254 Vgl. https://www.latein-digital.de/virtueller-klassenraum (Zugriff: 24.07.2021), in der Literatur wird der Begriff ›virtuelles Klassenzimmer‹ meist für Online-Unterricht in Echtzeit, z. B. durch Videokonferenzen verwendet (vgl. etwa POITZMANN 2020a, b). Zur Abgrenzung wollen wir diesen besser als ›Videounterricht‹ oder ›Live Online-Unterricht‹ bezeichnen.

10.3. Verlinkungen durch QR-Codes und Short-Links

Über sogenannte QR-Codes, die die Lernenden mit ihrem Tablet oder Smartphone scannen, gelangen sie zu weiteren Online-Inhalten, die entweder direkt im Internet abrufbar (z. B. Websites, Bilder) oder von der Lehrkraft etwa auf einer Lernplattform hochgeladen worden sind (z. B. Unterrichtsmaterialien). Auch die direkte Anzeige eines Kurztextes ist möglich, den die Lehrkraft vorher eingegeben hat. Für die Kodierung von Links oder kurzen Texten stehen kostenfreie ›QR-Code-Generatoren‹ zur Verfügung (z. B. https://www.qrcodemonkey.com/de/). Manche Online-Übungsformate wie *LearningApps* geben zu jeder Übung auch direkt einen QR-Code aus. Die erstellten QR-Codes können dann in die Unterrichtsmaterialien als Bilddatei digital hineinkopiert oder beispielsweise als Etiketten in analoge Medien eingeklebt werden. Die Einsatzmöglichkeiten sind vielfältig. Folgende Funktionen von QR-Codes im Lateinunterricht können als zentral angesehen werden:

Funktion	**Beispiele für Verknüpfungen**
Veranschaulichung und Zusatzinformationen	• Aufgabenstellung • Vorgehensbeschreibung und Erklärungen • Bilder (Fotos, Grafiken, Karten), Videos und Zusatztexte (z. B. zu Texterschließung, -interpretation, Spracharbeit) • Vokabelangaben oder -visualisierung • Klang- und Hörbeispiele (Textvertonung, Metrik, Aussprache von Vokabeln)
Förderung	• Hilfestellungen und Tipps • vorbereitende, unterstützende Übungen • Berichtigung einer Klassenarbeit[255]
Vertiefung	• Extra-Aufgabenstellungen • vertiefende Übungen

255 Nach der Idee von Nina Toller, *Klassenarbeiten mit QR-Codes berichtigen*, in: tollerunterricht.com, abrufbar unter: https://tollerunterricht.com/2017/09/09/klassenarbeiten-mit-qr-codes-berichtigen/ (Zugriff: 05.08.2021), vgl. auch Toller 2018/2019, 56f.

Funktion	Beispiele für Verknüpfungen
Lösungsanzeige	• Kontrollmöglichkeit zu Übungsaufgaben • Abruf einer Musterübersetzung • Musterlösungen einer Klassenarbeit
Feedback	• Weiterleitung zu Evaluationen und Umfragen

Insbesondere bei freien, selbstgesteuerten Lernsettings (z. B. Wochenplanarbeit, Stationenlernen, Rallyes) können QR-Codes zum Einsatz kommen, um analoge und digitale Materialien zu verbinden, differenzierte Aufgaben und Übungen anzubieten und Lösungen zur Selbstkontrolle anzuzeigen.[256] Überhaupt können so auch gedruckte Arbeitsblätter ganz einfach um multimediale und interaktive Elemente ergänzt werden (›Hybrid-Arbeitsblatt‹), sodass Vorteile analoger und digitaler Medien vereint werden können.

Wird aber von vornherein digitales Material auf Tablets verwendet, etwa ein digitales Arbeitsblatt im PDF-Format, erübrigt sich eine Verknüpfung über QR-Codes. Hier können die Links vorher direkt eingefügt werden. Eine platzsparende Alternative sind sogenannte *Short-Links,* die aus langen Internetadressen mit entsprechenden Tools generiert werden können.

Beide Varianten helfen durch den Einbezug von Online-Inhalten, einen lateinischen Text zu kontextualisieren und damit Texterschließung und -verständnis zu erleichtern,[257] die Spracharbeit multimedial und interaktiv auszugestalten, Vorstellungswelt und Wissen der Lernenden zur antiken Welt zu konkretisieren und durch Förderangebote Binnendifferenzierung zu realisieren. Die Lernenden können ihren Lernprozess verstärkt selbst steuern und somit Medienkompetenzen wie *Persönliches System von vernetzten digitalen Lernressourcen selbst organisieren können* erwerben.

256 Zum Stationenlernen mithilfe von QR-Codes vgl. Cuppenbender 2020, Toller 2018/2019, 54 f. sowie Gressel 2019, 62 f.; zu interaktiven ›GPS-Schnitzeljagden‹ mithilfe von QR-Codes und Apps wie *Biparcours* vgl. Puschmann 2020, 22.

257 Zu Textkommentaren mit QR-Codes und *Short-Links* vgl. Doepner/Keip/Kurczyk 2020, 60 f.

10.4. Lernorganisation, Feedback und Evaluation

Richten wir im Folgenden die Aufmerksamkeit noch einmal verstärkt auf Tools, die auch für die Lehrkraft nützlich sind, um Lernprozesse zu organisieren, zu begleiten und zu optimieren:

- Zur *Lernorganisation* (z. B. Einstellen von Aufgaben, Materialien, Linklisten, multimedialen Inhalten, Lernhilfen und Lösungen, Sammlungen von Ideen und Arbeitsergebnissen) können digitale Pinnwände (z. B. *Padlet*), aber auch *Blogs* und *Wikis* genutzt werden.
- Für *kollaboratives Arbeiten* können Tools wie *Oncoo* (https://www.oncoo.de/) eine Gruppenzuordnung übernehmen, die Lernenden können in kollaborativen Texteditoren Arbeitsprozesse und -ergebnisse dokumentieren.
- In *Chats* können die Lernenden Kontakt mit der Lehrkraft (und umgekehrt) aufnehmen – was bei manchen Formen des *Blended Learning* (z. B. *Inverted Classroom*) unabdingbar ist, um den Lernprozess angemessen zu unterstützen. Wichtig ist hierbei, mit den Lernenden Gesprächsregeln aufzustellen, die sie bei der Kommunikation im digitalen Raum beachten sollen (›Netiquette‹).[258]
- Eine gerade in Zeiten des Distanzlernens besonders nützliche Variante der Leistungsrückmeldung ist das *Audio-Feedback:* Um die Lernenden auf ihre individuellen Stärken und Schwächen beispielsweise ihrer Übersetzung aufmerksam zu machen, nimmt die Lehrkraft ein mündliches Feedback als Audiodatei auf (z. B. mit *Audacity, Sprachmemo, GarageBand*), die sie dann den Lernenden zuschickt (oder auf einer Lernplattform zugänglich macht). Die Lernenden hören sich das an, korrigieren ihre Übersetzung und notieren sich Hinweise oder Tipps für ihre weitere Übersetzungsarbeit. Dass das Feedback möglichst kurz und informationsbezogen, wertschätzend und positiv verstärkend sein muss, versteht sich von selbst. Daneben existiert auch eine Reihe weiterer Online-Tools für schriftliches Feedback *(›E-Feedback‹)*, will man die auf Lernplattformen oft integrierte Feedback-Funktion nicht nutzen.[259]
- Durch *Umfrage-* und *Abstimmungstools* (z. B. *Mentimeter, AnswerGarden*) kann die Lehrkraft Unterricht, Methoden oder Projekte evaluieren lassen oder Vorwissen und Meinungen der Lernenden abfragen, was insbesondere zum Einstieg in einen neuen Text hilfreich ist.

258 Dies ist auch in Bezug auf Klassenchats sinnvoll, vgl. Florian 2018, 141.
259 Vgl. zu möglichen Verfahren Florian 2018, 142.

Für die Lernenden stehen bei der Nutzung solcher Tools zur Lernorganisation Medienkompetenzen wie *Persönliches System von vernetzten digitalen Lernressourcen selbst organisieren können* im Vordergrund, mit der Verwendung von Tools zur Kommunikation üben sie *Mithilfe verschiedener digitaler Kommunikationsmöglichkeiten kommunizieren.*

10.5. Digitale Mappen, Lehrwerke und Tafeln

Tablets und digitale Tafeln tragen zu einer Veränderung des Lateinunterrichts bei, die wir nur kurz anreißen können. *Tablets* lassen sich als multifunktionale Lernwerkzeuge nutzen, mit denen je nach Einsatz (z. B. zur Kommunikation, Kooperation, Recherche, Produktion, Präsentation) alle Medienkompetenzen gefördert werden können. Zudem erübrigt sich das Führen einer analogen Latein-Mappe oder eines Heftes: Die Unterrichtsdokumentation kann digital erfolgen, etwa das Notieren einer Übersetzung über Textverarbeitungsapps (z. B. *Pages, Word*). Dies geht mit dem Erwerb der Medienkompetenz *Informationen und Daten zusammenfassen, organisieren und strukturiert aufbewahren* einher. Inwiefern das sinnvoll und was dabei zu beachten ist, kann an dieser Stelle aber nicht geklärt werden.

Schon jetzt gibt es zu *Lehrwerken* digitale Formate (z. B. *Roma Click & Study*) – es scheint darauf hinauszulaufen, dass die Lernenden keine Bücher mehr in ihrer Tasche mitschleppen müssen, sondern Lehrbuch, Grammatikbegleitbuch, Vokabelheft und dergleichen digital auf ihrem Tablet abrufen können. Dabei besitzen digitale Lehrwerke durchaus das Potenzial, den Lateinunterricht zu revolutionieren – man denke an Einsatz von *Virtual* und *Augmented Reality,* Multimedialität und Interaktivität, an intelligentes Üben, Möglichkeiten von Vernetzung sowie an Chancen barrierefreien Lernens.[260] Welche Anforderungen an sie gestellt werden müssen, in welchen Punkten sie dem gedruckten Buch überlegen und wo unterlegen sind, muss die Forschung beschäftigen.

Digitale Tafeln (z. B. interaktive Whiteboards) bieten nicht nur hervorragende Möglichkeiten der multimedialen Visualisierung und Präsentation – sie vereinen in sich beispielsweise Funktionen von OH-Projektor, Beamer, DVD- und CD-Player –, sondern können auch für interaktives Üben sowie anschauliche Textarbeit genutzt werden.[261] Dafür kommen je nach Software verschiedene

260 Vgl. zu künftigen Tendenzen digitaler Schulbücher im Allgemeinen Macgilchrist 2020.

261 Zu interaktiven Whiteboards zur Wortschatzarbeit vgl. Gressel 2019, 60 f., zur Grammatik- und Textarbeit vgl. zudem Thode 2016.

Übungsformate und Methoden infrage. Nützlich ist auch, Tafelbilder speichern zu können. Um eine Tendenz zum Frontalunterricht zu vermeiden, kommt es auf den richtigen, d. h. didaktisch und methodisch funktionalen Einsatz an.[262]

Wie bei digitalen Lehrwerken geht es bei digitalen Tafeln um eine sinnvolle Mediennutzung durch die Lernenden im Rahmen ihres Lernprozesses, d. h. um *Effektive digitale Lernmöglichkeiten finden, bewerten und nutzen.*

10.6. Hybrider Lateinunterricht und ›Videounterricht‹

Der durch die Corona-Krise bedingte ›Lockdown‹ der Schulen hat im Rahmen des Distanzlernens zu neuen Formen des Lateinunterrichts geführt: Als ›hybrider‹ Unterricht sollte er die Lernenden nicht nur in der Schule, sondern auch zu Hause erreichen, unterstützt vom Format der Videokonferenz. Die Reflexion des Präsenz- und Distanzlernens im Lateinunterricht befindet sich noch am Anfang. Es wird noch ausführlich zu klären sein, was der Lateinunterricht geleistet hat und leisten kann und was das ›Homeschooling‹ mit den Lernenden gemacht hat. Zentral sind folgende Fragen:

- Wie hat sich der Lateinunterricht im ›Homeschooling‹ gestaltet?[263]
- Wie kann effektiv Lateinunterricht in Distanz stattfinden, also was ist ›guter‹ Online-Lateinunterricht? Dies bezieht sich sowohl auf Phasen des *synchronen Lernens,* etwa in Videokonferenzen[264], als auch des *asynchronen Lernens.*[265]
- Welche Folgen hat das ›Homeschooling‹ für Lateinlernende gehabt?
- Sind künftig Veränderungen beim Präsenzlernen im Lateinunterricht notwendig, und wenn ja, welche?

Es deutet sich an, dass der Kompetenzaufbau gerade von leistungsschwächeren Lernenden unter dem Distanzlernen gelitten hat. Gegebenenfalls hat das nicht

---

262 Vgl. Thode 2016, 47.

263 Eine erste Evaluation liefert z. B. Sauer 2020.

264 Die Frage nach Gütekriterien von Videokonferenzen (vgl. dazu Raab 2021b) ist auch deswegen wichtig, da ein Teil der Latein-Lehrkräfte sie offensichtlich auch nach der Corona-Pandemie weiternutzen will (vgl. Sauer 2020, 10). Zudem besteht Potenzial in der Gestaltung schulübergreifender Online-Lateinkurse (vgl. Jesper 2020, 76). Methodische Anregungen liefert Poitzmann 2020b; Einsatzmöglichkeiten von Videokonferenzen im Schulkontext systematisiert Raab 2021a.

265 Zu Qualitätsmerkmalen und der praktischen Umsetzung von *Blended Learning* vgl. beispielsweise Eberhardt/Kauk/Korn 2020; für Gütekriterien von Distanzunterricht im Allgemeinen vgl. Meyer 2020a, b.

nur Konsequenzen für die weitere Unterrichtsgestaltung, sondern auch für Inhalt und Umfang künftiger Lehrpläne.

Was den Erwerb von Medienkompetenzen betrifft, geht es hierbei nicht um die Förderung einzelner, sondern mehrerer Kompetenzen – je nach Ausgestaltung des Distanzlernens mithilfe der in diesem Buch beschriebenen Medien und Verfahren.

11. Schlussbemerkung und Ausblick

In den vorangegangenen Kapiteln haben wir gesehen, welche Möglichkeiten bestehen, digitale Medien in den Lateinunterricht zu integrieren und dabei fachspezifische und medienpädagogische Lernziele zu verfolgen. Dies kann in allen Arbeitsfeldern des Lateinunterrichts gelingen, sei es bei Wortschatz- oder Grammatikarbeit, Übersetzung oder Interpretation oder auch bei der Beschäftigung mit den *Res Romanae.* Die Bandbreite reicht von interaktiven digitalen Übungen und Lernprogrammen über kollaborative Textarbeit, *WebQuests* und Spielfilme bis hin zu multimedialen Lernprodukten, Computerspielen, *Virtual* und *Augmented Reality* – um nur einige Beispiele zu nennen. Der Lateinunterricht kann auf vielfältige Weise digitale Kompetenzen bei den Lernenden nach den Vorgaben der KMK entwickeln und so – zumal nach den ernüchternden Ergebnissen der ICIL-Studien 2013 und 2018 – seinen Beitrag zur Ausbildung der Medienmündigkeit der Lernenden leisten.

Doch auch abgesehen von der Förderung von Medienkompetenzen beinhaltet das Lehren und Lernen mit digitalen Medien im Lateinunterricht zahlreiche Chancen. Stärker als bisher kann der Lernprozess individualisiert bzw. personalisiert werden, indem die Lernenden gemäß ihren eigenen Interessen, Bedürfnissen und Fähigkeiten und in ihrem eigenen Tempo arbeiten. So können sie bei *WebQuests* oder kreativ-produktiven Verfahren (z. B. Vertonungen, Verfilmungen) eigene Schwerpunkte setzen, vorentlastende oder vertiefende digitale Übungen passgenau auswählen oder lateinische Grammatikphänomene mit Lernvideos von zu Hause erarbeiten und dabei das Video zurückspulen, sooft es eben nötig ist. Damit verbunden ist auch eine Stärkung der Selbststeuerung im Lernprozess, etwa wenn die Lernenden selbstreguliert digitale Vokabelkarteien, ›Vokabel- und Formentrainer‹ anwenden. Überhaupt können Lernende nun ganz unkompliziert und bedarfsgerecht auf das von der Lehrkraft beispielsweise auf einer Lernplattform digital zur Verfügung gestellte, nach Niveau- bzw. Kompetenzstufen differenzierte Unterrichtsmaterial zugreifen.

Multimedialität und Interaktivität können Lernprozesse optimieren und die Lernmotivation erhöhen, erstere durch Anschaulichkeit und Lebendigkeit der Lerngegenstände, letztere durch das Handeln der Lernenden selbst. So werden gleichzeitig mehrere Lernkanäle adressiert, wenn die Lernenden etwa eine virtuelle Erkundung des alten Roms unternehmen, interaktive Quizze lösen oder Arbeitsblätter mit QR-Codes erhalten, die Zusatzinformationen oder Hilfestellungen als Text-, Bild- oder Tondokument anbieten.

Auch die Arbeitsweise als solche verändert sich: Die Lernenden können orts- und zeitunabhängig arbeiten, etwa im Rahmen von *Blended-Learning*-Konzepten oder mithilfe von Lernplattformen, und dennoch vernetzt und kollaborativ, wenn sie beispielsweise gemeinsam einen Text via *ZUMpad* erschließen und übersetzen. Asynchrones und synchrones Arbeiten, beides ist möglich.

Wissenschaftspropädeutik und die Ausbildung von Schlüsselqualifikationen gelingen nicht nur durch neue Formen von Kooperation und Kommunikation, sondern auch durch die Beschäftigung mit realen, aktuellen und authentischen Quellen, wenn die Lernenden die Ergebnisse ihrer Internetrecherche bewerten oder in Gestalt multimedialer Präsentationen für ihre Mitlernenden aufbereiten.

Schließlich ergeben sich auch neue Möglichkeiten für Feedback und Leistungsmessung. Interaktive Übungen geben den Lernenden eine direkte Rückmeldung zu ihrer Eingabe, sodass sich ein gemeinsamer Vergleich der Ergebnisse im Unterricht erübrigt. Die Lernenden können ihre Arbeitsergebnisse auch digital auf Lernplattformen ablegen und dort ein individuelles Feedback der Lehrkraft einsehen, wie es im ›Homeschooling‹ während der Corona-Pandemie oft praktiziert worden ist. Manche Programme ermöglichen es sogar, dass die Ergebnisse der Lehrkraft direkt übermittelt werden, sodass die Diagnose präzisiert und gezielte Fördermöglichkeiten entwickelt werden können. Mit verschiedenen Tools lässt sich zudem eine Evaluation des Lehr-Lern-Prozesses durchführen, die der Lehrkraft zu einer Steigerung ihrer Unterrichtsqualität verhelfen kann.

Somit ergeben sich Chancen für offenes und selbstgesteuertes, exemplarisches und fächerübergreifendes, kooperatives und kollaboratives Lernen. Verschiedene Arten von Binnendifferenzierung können einfach und funktional realisiert werden, didaktische Prinzipien wie Schüler- und Handlungsorientierung lassen sich noch stärker in den Blick nehmen.

Doch auch grundsätzliche Veränderungen stehen dem Lateinunterricht im Zuge der Digitalisierung bevor. Drei mögliche künftige Entwicklungen seien skizziert:

- Durch die Digitalisierung kann bekanntlich ortsunabhängiges Lernen stattfinden. So lassen sich nach dem Konzept des *Blended Learning* mithilfe von

Videokonferenztools auch *schulübergreifende Online-Lateinkurse* etablieren, etwa dann, wenn an einer Schule die Zahl der Latein-Interessenten (z. B. im Wahlbereich) zu gering ist und sonst kein Kurs zustande käme. In Schleswig-Holstein werden solche Online-Kurse, die neben Live-Videounterricht auch interaktive Selbstlern- und gemeinsame Präsenzphasen beinhalten, bereits praktiziert.[266]

- Überhaupt spielen digitalgestützte Lehr-Lern-Settings eine zentrale Rolle für die *Inklusion:* Sie tragen einem »multimodalen und inklusiven Spracherwerb« Rechnung, indem sie Unterstützungsangebote in den Bereichen Hören, Sprechen, Lesen, Schreiben und Übersetzen liefern und den Lateinunterricht somit inklusionssensibel gestalten können (z. B. durch Audioaufzeichnungen, Vertonungen, *Text-To-Speech-* bzw. *Speech-To-Text-*Verfahren).[267]
- Schließlich dürfte die oben beschriebene *Flexibilisierung und Personalisierung* des Lernens noch weiter voranschreiten. So liegt es nicht nur an den Lernenden, passende Übungen, Materialien und Unterstützungsangebote auszuwählen oder Lernort und -tempo im Rahmen asynchroner Zusammenarbeit zu bestimmen. Es ist auch zu erwarten, dass beispielsweise digitale Übungen künftig selbst eine Fehleranalyse durchführen und den Lernenden bedarfsgerechte Lernangebote machen, d. h. Übungen individuell anpassen *(Learning Analytics).* So könnte beispielsweise das Vokabellernen mithilfe Künstlicher Intelligenz ausgewertet, gesteuert und optimiert werden.[268]

So eröffnet der Einsatz digitaler Medien vielfältige und teils ungeahnte Möglichkeiten für den Lateinunterricht. Ohnehin kann von einer zunehmenden Nutzung digitaler Medien und Tools im Lateinunterricht ausgegangen werden.[269]

Gleichzeitig dürfen bei allen Vorzügen die Risiken erhöhten Medienkonsums nicht außer Acht gelassen werden. Es ist wohl kaum gesund, wenn sich Kinder und Jugendliche permanent, also in und nach der Schule, mit ihrem Smartphone, Tablet oder Computer beschäftigen. Daher sollte gerade in den jüngeren Jahrgängen der Medieneinsatz eher punktuell erfolgen und in den folgenden Jahrgängen sukzessive erhöht, insgesamt aber auf das notwendige Maß begrenzt werden. Begleitet werden muss er von schulischer Seite durch erlebnis-

---

266 Jesper 2020, 76 f.

267 Beyer/Schulz 2020b, 211 f.

268 Beyer/Schulz 2020b, 212 f.; freilich dürften solche Programme datenschutzrechtlich nicht unproblematisch sein, wenn umfangreiche personenbezogene Kompetenz- und Anwendungsprofile der Lernenden erstellt werden.

269 So auch die Prognose in der Lehrkräfte-Befragung von Sauer 2020.

pädagogische und Freizeitangebote (z. B. sportliche oder musikalische Arbeitsgemeinschaften), während die Eltern die außerschulische Mediennutzung ihrer Kinder kontrollieren und zeitlich limitieren.[270] Ebenso muss sichergestellt werden, dass die haptische Dimension des Lernens nicht verloren geht, wenn fast nur noch auf Touchscreens oder Tastaturen getippt und die Handschrift – ein Kulturgut! – dadurch ersetzt wird. Immerhin belegt die Forschung, dass Inhalte besser behalten werden, wenn man sie handschriftlich aufschreibt, als wenn man sie lediglich in ein digitales Endgerät eingibt. Fraglich ist zudem, ob beim Lesen am digitalen Endgerät Inhalte genauso gut verarbeitet werden wie beim Lesen gedruckter Medien.[271] Grundsätzlich sollte verstärkt Wert auf das Lesen längerer Texte oder ganzer Bücher gelegt werden, wofür die Lernenden Muße, Geduld und Konzentration brauchen, die der Konsum rasant ablaufender *YouTube*-Videos oder actionreicher *Games* so nicht einfordert. Überhaupt scheinen Jugendliche mit zunehmendem Alter – vor allem Jungen – immer weniger Bücher zu lesen. Analoges Schreiben und Lesen sind also wichtiger denn je.

Zudem ist hervorzuheben, dass der Einsatz digitaler Medien weder die Lernwirksamkeit noch die Unterrichtsqualität automatisch erhöht. Es scheint vielmehr auf das konkrete Lehr-Lern-Szenario anzukommen, in dem digitale Medien unter einer spezifischen didaktischen Zielsetzung eingesetzt werden: Erst solche Kontexte ermöglichen es, Aussagen über lernförderliche Wirkungen digitaler Medien treffen zu können.[272] Entsprechend sind auch die hier skizzierten Szenarien für den Einsatz digitaler Medien in spezifischen Unterrichtszusammenhängen zu untersuchen, zu evaluieren und zu optimieren. Dafür wird (empirische) Forschung zu den einzelnen digitalen Tools und Verfahren notwendig sein.[273]

Digitale Medien sind kein Allheilmittel. Indem sie kontextbezogen und unter Beachtung fachlicher und überfachlicher Lernziele funktional eingesetzt werden, können sie Lernprozesse unterstützen und teilweise völlig neue Chancen des Lateinlernens ermöglichen. Dass dafür materielle, technische und perso-

---

270 Vgl. Mössle/Kleimann/Pfeiffer 2008, 33.

271 Vgl. zur Problematisierung von Lesen und Schreiben am digitalen Medium Niederau 2002, 35.

272 Vgl. Herzig 2014, 21.

273 Aktuelle, allgemeine Erkenntnisse skizziert Schaumburg 2020. So hängt die Lernwirksamkeit digitaler Präsentationen bspw. entscheidend von ihrer Gestaltung ab, digitale Visualisierungen müssen didaktisch eingebunden (z. B. durch bestimmte Aufgabenstellungen, Beobachtungsaufträge), digitale Lern- und Übungsprogramme von der Unterstützung durch die Lehrkraft oder einem Austausch mit den Mitlernenden über Lösungsstrategien begleitet werden. Eine zentrale Rolle spielt auch ein schüleraktivierender und problemorientierter Medieneinsatz (ebd.).

nelle Voraussetzungen erfüllt sein müssen, liegt auf der Hand, begonnen bei der digitalen Ausstattung von Lernenden, Lehrenden und der Schule selbst über die IT-Administration und die Entwicklung schulischer Medienbildungskonzepte bis hin zur medienpädagogischen Qualifizierung der Erziehungsberechtigten. Zentral bleibt hierbei die Aus- und Fortbildung der Lehrenden, denn nur wenn Lehrkräfte technisch, medienpädagogisch und didaktisch qualifiziert sind, können sie digitalgestützte Lehr-Lern-Settings nach dem ›Anreicherungs-‹ oder *Blended-Learning*-Konzept angemessen umsetzen und ihre dadurch gewandelte Lehrerrolle kompetent wahrnehmen.

Digitale Medien und Lateinunterricht sind kein Widerspruch, sondern gehören im 21. Jahrhundert untrennbar zusammen, ermöglichen sie doch eine Begegnung mit der antiken Welt in Literatur und Kultur, wie es analoge Medien kaum können. So sollte es künftig darum gehen, die fachdidaktische Forschung in diesem Gebiet unter Berücksichtigung aktueller medienpädagogischer Erkenntnisse voranzubringen und die Vorteile digitaler Medien für das Lateinlernen zu nutzen. Denkbar wäre hier etwa die Entwicklung digitaler, multimedialer und interaktiver Lehrwerke, die mehrere der hier thematisierten Tools integrieren und ein stärker individualisiertes Lernen ermöglichen. Dies lädt zur interdisziplinären Zusammenarbeit von Lateindidaktik, Klassischer Philologie, Alter Geschichte, Medienwissenschaft und -pädagogik sowie Informatik ein.

Der Fachdidaktik möge diese Sammlung der Einsatzmöglichkeiten digitaler Medien als weitere Diskussionsgrundlage dienen, der einzelnen Lehrkraft als Anleitung für einen didaktisch und methodisch funktionalen Medieneinsatz. Sie sei eingeladen, digitale Medien entsprechend der zur Verfügung stehenden Zeit und persönlichen Präferenzen auszuwählen und auszuprobieren. So mag insgesamt ein kleiner Beitrag dafür geleistet sein, dass der Lateinunterricht sich fortentwickeln, die positiven Wirkungen digitaler Medien für sich nutzen kann und damit auch im ›digitalen Zeitalter‹ Bestand hat.

12. Nützliche Links und Materialien

Online-Tools

AnswerGarden: https://answergarden.ch/create/
H5P: https://h5p.org/
Kahoot!: https://kahoot.it/
Learning Snacks: https://www.learningsnacks.de/#/welcome
LearningApps: https://learningapps.org/
Oncoo: https://www.oncoo.de/
Padlet: https://padlet.com/
Quizlet: https://quizlet.com/de
YouTube: https://www.youtube.com/
ZUMpad: https://zumpad.zum.de/

Unterrichten mit digitalen Medien

Unterrichten.digital: https://unterrichten.digital/
digitale-schule: https://www.digitale-schule.net/
e-teaching.org: https://www.e-teaching.org/
Medienpädagogik Praxisblog: https://www.medienpaedagogik-praxis.de/

Private Websites zum (digitalen) Lateinunterricht

Nina Toller: https://tollerunterricht.com/
Ulf Jesper: https://www.latein-unterrichten.de/
Tilman Bechthold-Hengelhaupt: https://www.hengelhaupt.de/
Moritz Raab: https://latein-impulse.de/

Antikeportale

KIRKE – Katalog der Internetressourcen für die Klassische Philologie: http://www.kirke.hu-berlin.de/ressourc/ressourc.html
Perseus Digital Library: http://www.perseus.tufts.edu/hopper/

Texte

Classical Latin Texts (The Packard Humanities Institute): http://latin.packhum.org/
The Latin Library: http://www.thelatinlibrary.com/
Perseus Digital Library: http://www.perseus.tufts.edu/hopper/
Bibliotheca Augustana: https://www.hs-augsburg.de/~harsch/augustana.html

Bildquellen

AERIA – Antikensammlung Erlangen Internet Archive: http://www.aeria.phil.uni-erlangen.de/aeriahome.html
Pixabay (mit gemeinfreien Bildern): https://pixabay.com/
Wikimedia Commons (mit gemeinfreien Bildern): https://commons.wikimedia.org/wiki/Hauptseite
Bildersammlung des Landesbildungsservers Baden-Württemberg: https://www.schule-bw.de/faecher-und-schularten/sprachen-und-literatur/latein/bilder

Gemeinfreie Musik, Geräusche und Sounds

Auflistung des Bildungsservers Hamburg: https://bildungsserver.hamburg.de/oer-materialien/9534342/sounds-und-musik/
Auflistung des Medienpädagogik-Praxisblogs: https://www.medienpaedagogik-praxis.de/kostenlose-medien/freie-musik/

Bildungsserver mit Angeboten zum Fach Latein

Deutscher Bildungsserver: http://www.bildungsserver.de/Latein-Materialien-fuer-die-Sekundarstufen-9552.html
Landesbildungsserver Baden-Württemberg: https://www.schule-bw.de/faecher-und-schularten/sprachen-und-literatur/latein
Bildungsserver Berlin-Brandenburg: https://bildungsserver.berlin-brandenburg.de/latein

Plattformen für Unterrichtsmaterialien, -medien und -ideen

GEW-Portal zur Bildung in der digitalen Welt: https://www.gew.de/bildung-digital/
Landesinstitut für Schule und Medien Berlin-Brandenburg (LISUM): http://www.lisum.berlin-brandenburg.de
Landesmedienzentrum Baden-Württemberg: http://www.lmz-bw.de/landesmedienzentrum.html
Lehrer Online: http://www.lehrer-online.de/lehrer-online.php
planet schule (SWR/WDR): http://www.planet-schule.de/
schule.at – Mein digitales Schulportal: https://latein.schule.at/portale/latein.html
Zentrale für Unterrichtsmedien im Internet (ZUM): http://www.zum.de/portal/
ZUM Unterrichten – Latein: https://unterrichten.zum.de/wiki/Latein

Datenschutz und sichere Mediennutzung

Materialien von *schau-hin:* https://www.schau-hin.info/service/materialien
Materialien von *klicksafe:* https://www.klicksafe.de/service/materialien/
Berufsverband der Datenschutzbeauftragten Deutschlands (BvD) e. V. – »Lehrer-handout«: https://www.bvdnet.de/datenschutz-geht-zur-schule/lehrerhandout/

Klassische Philologie und Didaktik der Alten Sprachen

Corpus Inscriptionum Latinarum (CIL): http://cil.bbaw.de/
Forum Classicum – Zeitschrift für die Fächer Latein und Griechisch an Schulen und Universitäten: www.forum-classicum.de
Gnomon Bibliographische Datenbank – Eichstätter Informationssystem für die Klassische Altertumswissenschaft: https://www.gbd.digital/metaopac/start.do?View=gnomon und http://www.gnomon.ku-eichstaett.de/Gnomon/Gnomon.html
Göttinger Forum für Altertumswissenschaft: https://journals.ub.uni-heidelberg.de/index.php/gfa/issue/archive
Pegasus-Onlinezeitschrift – Wissenschaftliches Periodikum zur Didaktik und Methodik der Fächer Latein und Griechisch: http://www.pegasus-onlinezeitschrift.de/
Rheinisches Museum für Philologie: https://rhm.phil-fak.uni-koeln.de/inhaltsverzeichnisse

13. Literatur

Digitale Medien im (Latein-)Unterricht

Arenz, Dominik (2018): *Eine willkommene Unterbrechung: Kahoot!*, in: AU 6/2018, 52–53.

Bäcker, Notburga (2011): Motivation, in: Keip, Marina/Doepner, Thomas (Hg.): *Interaktive Fachdidaktik Latein*, 2. Aufl. Göttingen: Vandenhoeck & Ruprecht, 191–207.

Banken, Melanie (2020): *World of Classcraft im Lateinunterricht*, in: MDAV-NRW 1, 2/2020, 37–43.

Bartl, Florian (2016): *Einsatz von Übersetzungsautomaten im Lateinunterricht. Phaedrus 1,1 übersetzen mithilfe von Google Translate*, in: AU 59,3/2016, 8–10.

Bechthold-Hengelhaupt, Tilman (2001): *Alte Sprachen und neue Medien*, Göttingen: Vandenhoeck & Ruprecht.

Bechthold-Hengelhaupt, Tilman (2002): *Medienkompetenz im altsprachlichen Unterricht*, in: AU 45, 3+4/2002, 42–47.

Bechthold-Hengelhaupt, Tilman (2007): Computer, in: Drumm, Julia/Frölich, Roland (Hg.): *Innovative Methoden für den Lateinunterricht*, Göttingen: Vandenhoeck & Ruprecht.

Bechthold-Hengelhaupt, Tilmann (2012): *Antikerezeption im Internet*. Diss.; abrufbar unter: http://edoc.ub.uni-muenchen.de/15133/1/Bechthold-Hengelhaupt_Tilman.pdf (Zugriff: 05.08.2021).

Beyer, Achim (2004): *Vernetztes Denken. Zum Umgang mit Übersetzungen von Lehrbuchtexten aus dem Internet*, in: AU 47, 1/2004, 15–18.

Beyer, Andrea (2020): *Mehr Synergie: Gemeinsam zu digitalgestützten Lehr-Lern-Settings*, in: MDAV-NRW 1, 2/2020, 26–30.

Beyer, Andrea/Schulz, Konstantin (2020a): *Digital und korpusbasiert: Wortschatzarbeit einmal anders*, in: Forum Classicum 63, 3/2020, 148–153, abrufbar unter: https://journals.ub.uni-heidelberg.de/index.php/fc/article/view/76665/70496 (Zugriff: 05.08.2021).

Beyer, Andrea/Schulz, Konstantin (2020b): *Wie die Digitalisierung unseren Umgang mit den Alten Sprachen verändert hat*, in: Forum Classicum 63, 4/2020, 208–219, abrufbar unter: https://journals.ub.uni-heidelberg.de/index.php/fc/article/view/78787/72743 (Zugriff: 21.08.2021).

Beyer, Andrea/Schulz, Konstantin (2021): *Spracherwerb in der Forschung – neue Möglichkeiten dank Digitalisierung*, in: Forum Classicum 64, 1/2021, 4–10, abrufbar unter: https://journals.ub.uni-heidelberg.de/index.php/fc/article/view/81215/75237 (Zugriff: 05.08.2021).

Biastoch, Martin (2002): *Über Nutzen und Nachteile des Internets im altsprachlichen Unterricht*, in: AU 45, 3+4/2002, 74–76.

Bob Lister (Hg.) (2008): *Meeting the Challenge. International Perspectives on the Teaching of Latin*, Cambridge: Cambridge University Press.

Brusch, Michaela (2002): *Lern- und Übungssoftware zur Texterschließung*, in: AU 45, 3+4/2002, 99–105.

Cuppenbender, Lea (2020): *Digitale Lernangebote im Stationenlernen*, in: MDAV-NRW 1, 2/2020, 17–20.

DOEPNER, THOMAS/KEIP, MARINA (2016): *Digitale Medien im altsprachlichen Unterricht*, in: AU 9, 3/2016, 2–7.

DOEPNER, THOMAS/KEIP, MARINA/KURCZYK, STEPHANIE (2020): *Die wichtigsten digitalen Tools für alle Handlungssituationen im Unterricht. Latein. Einsatzmöglichkeiten für Texterschließung, Übersetzung und Interpretation*, Berlin: Cornelsen.

DRÜCKE, SIMONE (2002): *Wortschatzarbeit und Formentraining in der Lektürephase am Beispiel aktueller Lernsoftware*, in: AU 45, 3+4/2002, 79–84.

EBERHARDT, CORNELIA/KAUK, LIOBA/KORN, MATTHIAS (2020): *Präsenz- und Distanzlernen im Wechsel*, in: MDAV-NRW 1, 2/2020, 44–47.

FLORIAN, LENA (2018): *Arbeit mit digitalen Medien*, in: Korn, Matthias (Hg.): Latein Methodik: Handbuch für die Sekundarstufe I und II. Berlin: Cornelsen, 137–145.

GERBER, SONJA (2007): *WebQuests – E-Learning nicht nur für Anfänger*, in: http://www.e-teaching.org/didaktik/konzeption/methoden/lernspiele/webquest/WebQuest.pdf (Zugriff: 10.08.2021).

GIEBE, ANN-KATHRIN (2020): *Die Übersetzung in der Lehrbuchphase durch digitale Angebote wirksam unterstützen*, in: MDAV-NRW 1, 2/2020, 13–16.

GLÜCKLICH, HANS-JOACHIM (2018): *Film und Lateinunterricht*, in: Korn, Matthias (Hg.): Latein Methodik: Handbuch für die Sekundarstufe I und II. Berlin: Cornelsen, 117–127.

GRESSEL, DENNIS (2019): *33 Ideen Digitale Medien Latein. Step-by-step erklärt, einfach umgesetzt – das kann jeder!* Augsburg: Auer.

GREUEL, ANNA-CHRISTINA (2019/2020): *Caesar meets Augmented Reality – eine Lerneinheit nach dem Konzept des Blended Learnings, 1–12*, in: Pegasus-Onlinezeitschrift XIX (2019/202), abrufbar unter: http://www.pegasus-onlinezeitschrift.de/2019_20_1/Pegasus-2020-Greuel-Version02.pdf (Zugriff: 05.08.2021).

HECKEL, HARTWIG (2005): *Odysseus am Mississippi. »O Brother, Where Art Thou?«*, in: AU 48, 1/2005, 58–62.

HOTZ, MICHAEL (2001): *Kreativ ins Internet. Schüler entwickeln ein Internetspiel*, in: Auxilia 47, 58–72.

JANSEN, JUDITH (2013): *Ein Hörspiel als Interpretationsergebnis. Aeneas und Dido*, in: AU 56, 2/2013, 18–26.

JESPER, ULF (2020): *Neue Chancen für eine alte Sprache. Wie Blended Learning das Fach Latein stärkt*, in: Friedrich Jahresheft XXXVIII, #schuleDIGITAL, Hannover: Friedrich Verlag, 76–77.

KAUFMANN, DIETER (2006): *Das so genannte »virtuelle Klassenzimmer«. Ein kurzer Erfahrungsbericht*, in: MDAV Hessen 1–3/2006, 44–48.

KRINNER, SEBASTIAN (2016): *Tabulae moveantur! Bildverfilmung im altsprachlichen Unterricht*, in: AU 59, 3/2016, 36–42.

KUHLMANN, PETER (2013): Experimentum Romanum. *Eine lateinische TV-Dokumentation*, in: AU 56, 2/2013, 54–58.

LADEHOF, INES (2016): *Interpretierender Lesevortrag in Latein. Anwendungsbeispiel des Programms Audacity*, in: AU 59,3/2016, 32–35.

LASER, GÜNTER (2013): *Schulung des Hörverstehens mit Hilfe von* nuntii Latini, in: AU 2/2013, 36–40.

LINGENBERG, WILFRIED (2016): *Nutzung des Internets für lebendige lateinische Kommunikation im Unterricht*, in: Pegasus-Onlinezeitschrift XVI/2016, 152–164, abrufbar unter: http://www.pegasus-onlinezeitschrift.de/2016_1/pegasus_2016_05-lingenberg_druck.pdf (Zugriff: 21.08.2021).

LÖBKER, FRIEDGAR (2003): *Computergestützter Lateinunterricht. Erfahrungsbericht aus einem Grundkurs: der Computer als Medium im Fach Latein*, in: MDAV Niedersachsen 53, 1/2003, 12–26.

NIEDERAU, KARL (2002): *Computergestützter Lateinunterricht. Möglichkeiten und Grenzen*, in: Pegasus Onlinezeitschrift 1/2002, 25–40, abrufbar unter: http://www.pegasus-onlinezeitschrift.de/alte_seite/erga12002niederau.htm (Zugriff: 05.08.2021).

NÜNNING, ANSGAR/SURKAMP, CAROLA (2010): *Englische Literatur unterrichten 1. Grundlagen und Methoden*. 3. Aufl. Seelze: Kallmeyer/Klett, 245–275.

Palmié Christa (2002): *Zu Plinius auf elektronischen Wegen. Der Einsatz von Hypertexten im Unterricht,* in: AU 45, 3+4/2002, 16–25.

Pfaffel, Wilhelm (2005): *ARMILLA – Latein lernen mit Film und Computer,* in: AU 48, 1/2005, 68–69.

Pfaffel, Wilhelm/Lobe, Wilhelm (2016): *Praxis des lateinischen Sprachunterrichts. Tipps für einen vitalen Lateinunterricht.* Bamberg: C. C. Buchner (Reihe Studienbücher Latein).

Polleichtner, Wolfgang (Hg.) (2019): *Digitalisierung in Unterricht und Lehre der Alten Sprachen. Gegenwärtige Trends und aktuelle Herausforderungen* (Didaskalika 3). Speyer: Kartoffeldruck-Verlag.

Puschmann, Simon (2020): *Excursio digitalis,* in: MDAV-NRW 1, 2/2020, 21–25.

Raab, Moritz (2019): *Gorgoneum crinem turpes mutavit in hydros (Met. 4, 801). Ein WebQuest zur Rezeption der Medusa aus den Metamorphosen,* in: AU 62, 6/2019, 47–53.

Reindl, Christian (2016): *Fördern und Diagnostizieren mit einer Lernplattform. Unterrichtsbeispiele mit Hot Potatoes auf Moodle,* in: AU 59,3/2016, 15–19.

Sauer, Jochen (2020): *Lateinunterricht in Corona-Zeiten,* in: MDAV-NRW 1, 2/2020, 8–12.

Schareika, Helmut (2002a): *Neue Medien – neues Lernen – (schöne) neue Welt?,* in: AU 45, 3+4/2002, 4–14.

Schareika, Helmut (2002b): *Wortschatztrainer auf dem Prüfstand,* in: AU 45, 3+4/2002, 91–99.

Schareika, Helmut (2002c): *Ins Netz gegangen,* in: AU 45, 3+4/2002, 72–73.

Schmitter, Jörg (2013): *Digitale Wiederauferstehung. Senecas Briefe an Lucilius als Podcast,* in: AU 56, 2/2013, 42–47.

Schmitzer, Ulrich (2001): *Antike und Internet – eine Einführung,* in: Pegasus-Onlinezeitschrift 1/2001, 28–43.

Schön, Sandra/Ebner, Martin (2013): *Gute Lernvideos … so gelingen Web-Videos zum Lernen!,* abrufbar unter: https://www.bimsev.de/n/userfiles/downloads/gute-lernvideos.pdf (Zugriff: 05.08.2021).

Schubert, Walfried (2002): *Bits und Bytes für Latein,* in: AU 45, 3+4/2002, 36–40.

Simons, Benedikt (2007): *Das Dekadenzmodell in der »Star-Wars«-Hexalogie von George Lucas, bei Sallust und Tacitus,* in: AU 50, 6/2007, 30–39.

Simons, Benedikt (2019/2020): *Mit Homer in die Wüste – Die Rezeption der Odyssee in »American Odyssey« und »Prison Break, Season 5« und die Möglichkeiten für den altsprachlichen Unterricht,* in: Pegasus-Onlinezeitschrift XIX (2019/2020), 1–37, abrufbar unter: http://www.pegasus-onlinezeitschrift.de/2019_20_1/Pegasus-2020-Simons-Version05.pdf (Zugriff: 21.08.2021).

Stenzel, Gudrun (2002): *Was ist Medienkompetenz? Kritische Anmerkungen zu einem populären Schlagwort,* in: AU 45, 3+4/2002, 62–65.

Stratenwerth, Dietrich (2016): *Suchet! – Doch werdet ihr auch finden?,* in: AU 59,3/2016, 28–31.

Thies, Stephan (2002a): *Vom Unterricht ins Internet – eine Recherche,* in: AU 45, 3+4/2002, 66–71.

Thies, Stephan (2002b): *Lern- und Übungssoftware zum Lehrbuch,* in: AU 45, 3+4/2002, 86–90.

Thode, Lars (2016): *Tabula Candida. Anwendungsmöglichkeiten des Interaktiven Whiteboards für eine schülerorientierte Spracharbeit,* in: AU 59,3/2016, 43–47.

Toller, Nina (2018/2019): *Digitale Medien im Lateinunterricht,* in: Nexus 8, 54–58, abrufbar unter: https://nexus.blogs.ruhr-uni-bochum.de/wp-content/uploads/2019/06/Nexus-8-WiSe-18-19.pdf (Zugriff: 05.08.2021).

Vogel, Monika (2020): *Digital Game-Based Learning im Lateinunterricht,* in: MDAV-NRW 1, 2/2020, 31–36.

Voss, Stefan (2016): *Das Moodle-Lernforum im Anfangsunterricht Latein. Ein Anreiz zur fachlichen Kooperation der Schüler,* in: AU 59, 3/2016, 11–14.

Waiblinger, Franz Peter (1997): *Alte Sprachen und neue Medien,* in: Forum Classicum 2/97, 71–82, abrufbar unter: https://journals.ub.uni-heidelberg.de/index.php/fc/article/view/36439/30098 (Zugriff: 20.08.2021).

Weidmann, Dirk (2016): *Die Einführung der Vorzeitigkeit im AcI mittels Lernvideos. Das Inverted Classrom Mastery Model in der Praxis*, in: AU 59,3/2016, 20–27.

Wieber, Anja (2005a): *Antike bewegt: Antike, Film und altsprachlicher Unterricht*, in: AU 48, 1/2005, 4–12.

Wieber, Anja (2005b): *Einhundert Jahre Antikfilm*, in: AU 48, 1/2005, 44–47.

Wolter, Martin (2002): *Caesar am Computer besiegen*, in: AU 45, 3+4/2002, 26–31.

Zanini, Anja (2002): *Computergestützte Textstrukturierung*, in: AU 45, 3+4/2002, 32–35.

Lateindidaktik und -methodik

Doepner, Thomas (2014): Interpretation, in: Keip, Marina/Doepner, Thomas (Hg.): *Interaktive Fachdidaktik Latein*, 3., durchgesehene Aufl., Göttingen: Vandenhoeck & Ruprecht, 113–145.

Drumm, Julia/Frölich, Roland (Hg.): *Innovative Methoden für den Lateinunterricht*, Göttingen: Vandenhoeck & Ruprecht.

Kipf, Stefan (2006): *Altsprachlicher Unterricht in der Bundesrepublik Deutschland. Historische Entwicklung, didaktische Konzepte und methodische Grundfragen von der Nachkriegszeit bis zum Ende des 20. Jahrhunderts*, Bamberg: C. C. Buchner.

Kuhlmann, Peter (2009): *Fachdidaktik Latein kompakt*, 2. Aufl., Göttingen: Vandenhoeck & Ruprecht.

Kuhlmann, Peter/Horstmann, Henning (2018): *Wortschatz und Grammatik üben. Didaktische Kriterien und Praxisbeispiele für den Lateinunterricht*, Göttingen: Vandenhoeck & Ruprecht.

(Medien-) Pädagogik und Medienkompetenz

Bremer, Claudia (2017): Einsatz digitaler Medien in der Hochschullehre: Szenarien und Mehrwerte für die Kompetenzentwicklung, in: Erpenbeck, John/Sauter, Werner (Hrsg.): *Handbuch Kompetenzentwicklung im Netz. Bausteine einer neuen Bildungswelt*, Stuttgart: Schäfer-Pöschel, 307–336, abrufbar unter: https://www.e-teaching.org/praxis/themenspecials/quickstarter-online-lehre/kursprogramm/einfuehrungsmodul/bremer-2017_kompetenzorientiert_lernen.pdf.

Findeisen, Stefanie/Sebastian Horn/Jürgen Seifried (2019): *Lernen durch Videos – Empirische Befunde zur Gestaltung von Erklärvideos*, in: MedienPädagogik, Oktober, 16–36, abrufbar unter: https://www.medienpaed.com/article/view/691 (Zugriff: 05.08.2021).

Friedrich, Katja/Bachmair, Ben/Risch, Maren (2011): *Mobiles Lernen mit dem Handy. Herausforderung und Chance für den Unterricht*, Weinheim und Basel: Beltz.

Gudjons, Herbert/Traub, Silke (2012): *Pädagogisches Grundwissen. Überblick, Kompendium, Studienbuch*, 11., grundlegend überarbeitete Aufl., Bad Heilbrunn: Julius Klinkhardt.

Herzig, Bado (2014): *Wie wirksam sind digitale Medien im Unterricht?*, Bertelsmann Stiftung, abrufbar unter https://www.bertelsmann-stiftung.de/de/themen/aktuelle-meldungen/2014/november/wie-wirksam-sind-digitale-medien-im-unterricht/ (Stand 26.03.2015).

Krommer, Axel (2020): *Zum »Mehrwert« digitaler Medien. Argumente gegen einen irreführenden Begriff*, in: Friedrich Jahresheft XXXVIII, #schuleDIGITAL, Hannover: Friedrich Verlag, 20–21.

Macgilchrist, Felicitas (2020): *Digitale Schulbücher. Qualität und Zukunft*, in: Friedrich Jahresheft XXXVIII, #schuleDIGITAL, Hannover: Friedrich Verlag, 84–85.

Mandl, Heinz/Kopp, Birgitta (2012): *Medienpädagogik*, in: Tenorth, Heinz-Elmar/Tippelt, Rudolf (Hg.): BELTZ Lexikon Pädagogik, 1. Aufl., Weinheim/Basel: Beltz, 496–499.

Meyer, Hilbert (2020a): *Didaktische Ansprüche an Homeschooling und Blended Learning*, in: Erziehung und Wissenschaft Niedersachsen Nr. 6 vom 26.06.2020, 8–10.

Meyer, Hilbert (2020b): *Didaktische Ansprüche an Homeschooling und Fernunterricht,* in: unterricht.digital vom 07.05.2020, https://unterrichten.digital/2020/05/07/hilbert-meyer-homeschooling/ (Zugriff: 21.08.2021).

Mössle, Thomas/Kleimann, Matthias/Pfeiffer, Christian (2008): *Medienwelten und Schule. Wirkung exzessiver Bildschirmnutzung auf Kinder und Jugendliche,* in: Pädagogik Jg. 60, 05/2008, 30–33.

Poitzmann, Nikola (2020a): *Unterrichten in der VUCA-Welt. Neues Denken, neue Lernformen,* in: Digital unterrichten. Praxisratgeber Neues Lernen in Zeiten der Pandemie. Hannover: Friedrich Verlag, 8–10.

Poitzmann, Nikola (2020b): *Live Onlineunterricht. 10 didaktische und methodische Grundsätze des synchronen Lernens,* in: Digital unterrichten. Praxisratgeber Neues Lernen in Zeiten der Pandemie. Hannover: Friedrich Verlag, 12–24.

Raab, Moritz (2021a): *Einsatzmöglichkeiten und Funktionen von Videokonferenzen in der Schule,* in: Medienpädagogik Praxisblog vom 31.08.2021, abrufbar unter: https://www.medienpaedagogik-praxis.de/2021/08/31/einsatzmoeglichkeiten-und-funktionen-von-videokonferenzen-in-der-schule/ (Zugriff: 14.11.2021).

Raab, Moritz (2021b): *Was sind ›gute‹ Videokonferenzen?,* in: Medienpädagogik Praxisblog vom 28.09.2021, abrufbar unter: https://www.medienpaedagogik-praxis.de/2021/09/28/was-sind-gute-videokonferenzen/ (Zugriff: 14.11.2021).

Raithel, Jürgen/Dollinger, Bernd/Hörmann, Georg (2009): *Einführung Pädagogik. Begriffe, Strömungen, Klassiker, Fachrichtungen,* 3. Aufl. Wiesbaden: VS Verlag für Sozialwissenschaften.

Rheinberg, Falko (2008): *Motivation.* 7., aktual. Aufl. Stuttgart: Kohlhammer.

Riedl, Alfred (2004): *Grundlagen der Didaktik,* Wiesbaden/Stuttgart: Franz Steiner.

Ruben R. Puentedura (2006): *Transformation, Technology and Education,* http://www.hippasus.com/resources/tte/.

Schaumburg, Heike (2020): *Was wissen wir über digitale Medien im Unterricht? Aktuelle Ergebnisse und Erkenntnisse,* in: Friedrich Jahresheft XXXVIII, #schuleDIGITAL, Hannover: Friedrich Verlag, 10–13.

Sobel, Martina (2020): *Blended Learning. 10 didaktisch-methodische Grundsätze des asynchronen Lernens,* in: Digital unterrichten. Praxisratgeber Neues Lernen in Zeiten der Pandemie. Hannover: Friedrich Verlag, 26–40.

Tenorth, Heinz-Elmar/Tippelt, Rudolf (Hg.) (2012): BELTZ Lexikon Pädagogik, 1. Aufl., Weinheim/Basel: Beltz, s.v. *Blended Learning,* 120.

Tenorth, Heinz-Elmar/Tippelt, Rudolf (Hg.) (2012): BELTZ Lexikon Pädagogik, 1. Aufl., Weinheim/Basel: Beltz, s.v. *Medien,* 494 f.

Tenorth, Heinz-Elmar/Tippelt, Rudolf (Hg.) (2012): BELTZ Lexikon Pädagogik, 1. Aufl., Weinheim/Basel: Beltz, s.v. *Medienbildung,* 495.

Tenorth, Heinz-Elmar/Tippelt, Rudolf (Hg.) (2012): BELTZ Lexikon Pädagogik, 1. Aufl., Weinheim/Basel: Beltz, s.v. *Mediendidaktik, Medienerziehung, Medienkompetenz,* 500.

Studien, Zeitungsartikel und Bildungspolitik

Anders, Florentine (2019): *Wo steht Deutschland in der digitalen Bildung?,* in: Das Deutsche Schulportal vom 05.11.2019, abrufbar unter: https://deutsches-schulportal.de/bildungswesen/icils2018-wo-steht-deutschland-in-der-digitalen-bildung/ (Zugriff: 06.08.2021).

BLIKK-Medien (2017): *Kinder und Jugendliche im Umgang mit elektronischen Medien.* https://www.bundesgesundheitsministerium.de/fileadmin/Dateien/5_Publikationen/Praevention/Berichte/Abschlussbericht_BLIKK_Medien.pdf (Zugriff: 15.08.2020).

Bos, Wilfried/Eickelmann, Birgit/Gerick, Julia (2014): *ICILS 2013 auf einen Blick. International Computer and Information Literacy Study. Presseinformationen zur Studie und zu zentralen Ergebnissen*, Münster: Waxmann, abrufbar unter: http://www.ifs.tu-dortmund.de/cms/Medienpool/Projekte/ICILS-2013/ICILS_2013_Presseinformation.pdf (Zugriff: 20.08.2021).

Bos, Wilfried/Eickelmann, Birgit/Gerick, Julia/Goldhammer, Frank/Schaumburg, Heike/Schwippert, Knut/Senkbeil, Martin/Schulz-Zander, Renate/Wendt, Heike (Hg.) (2014): *ICILS 2013. Computer- und informationsbezogene Kompetenzen von Schülerinnen und Schülern der 8. Jahrgangsstufe im internationalen Vergleich*, Münster: Waxmann; auch abrufbar unter http://www.ifs.tu-dortmund.de/cms/Medienpool/Projekte/ICILS-2013/ICILS_2013_Berichtsband.pdf (Zugriff: 20.03.2015).

Burchard, Amory (2014): *Deutsche Achtklässler im digitalen Mittelfeld*, auf www.tagesspiegel.de vom 20.11.2014, abrufbar unter: http://www.tagesspiegel.de/wissen/icils-studie-zu-it-kompetenzen-von-schuelern-deutsche-achtklaessler-im-digitalen-mittelfeld/11005980.html (Zugriff: 20.03.2021).

Eickelmann, Birgit/Bos, Wilfried/Gerick, Julia/Goldhammer, Frank/Schaumburg, Heike/Schwippert, Knut/Senkbeil, Martin/Vahrenhold Jan (Hg.) (2019): *ICILS 2018 #Deutschland. Computer- und informationsbezogene Kompetenzen von Schülerinnen und Schülern im zweiten internationalen Vergleich und Kompetenzen im Bereich Computational Thinking*, Münster: Waxmann, abrufbar unter: https://kw.uni-paderborn.de/fileadmin/fakultaet/Institute/erziehungswissenschaft/Schulpaedagogik/ICILS_2018__Deutschland_Berichtsband.pdf (Zugriff: 20.08.2021).

ICILS 2013 Projektbeschreibung, TU Dortmund, Institut für Schulentwicklungsforschung, abrufbar unter: http://www.ifs.tu-dortmund.de/cms/de/Forschung/Abgeschlossene-Forschungsprojekte/ICILS-2013.html (Zugriff: 20.08.2021).

Kultusministerkonferenz (Hg.) (2016): *Bildung in der digitalen Welt. Strategie der Kultusministerkonferenz.* Beschluss der Kultusministerkonferenz vom 08.12.2016 in der Fassung vom 07.12.2017. Berlin, abrufbar unter: https://www.kmk.org/aktuelles/artikelansicht/strategie-bildung-in-der-digitalen-welt.html (Zugriff: 20.08.2021).

Kutter, Inge (2014): *Lernen mit Pappe und Pixeln*, auf ZEIT ONLINE vom 21.11.2014, abrufbar unter: http://www.zeit.de/gesellschaft/schule/2014-11/schule-computer-medienbildung-icil-studie/komplettansicht (Stand 20.03.2021).

Riechert, Anja-Carina (2015): *»Lehrer brauchen mehr Medienkompetenz«. Bildungsforscher kritisieren, dass der Umgang mit digitalen Medien in der Lehrer-Ausbildung zu kurz kommt*, in: Braunschweiger Zeitung Nr. 70, Jg. 70, vom 24.03.2015, 2.

Rossmann, Robert (2015): *Bildung am Bildschirm. Union und SPD wollen die digitale Kompetenz der Schüler stärken*, in: Süddeutsche Zeitung vom 24.03.2015.

Weber, Oliver (2019): *Farbanstrich für das antike Griechenland*, in: FAZ online vom 26.01.2019, abrufbar unter https://www.faz.net/aktuell/karriere-hochschule/assassin-s-creed-videospiel-vermittelt-historisch-akkurates-bild-16001228.html (Zugriff: 10.08.2021).

14. Abbildungsverzeichnis

15. Stichwortverzeichnis